Wisława Szymborska
Die Gedichte

Herausgegeben und übertragen
von Karl Dedecius

Suhrkamp

Erste Auflage 1997
© by Wisława Szymborska 1945, 1952, 1954, 1957, 1962, 1967, 1972, 1976,
1986, 1993, 1996.
© der deutschsprachigen Ausgabe Suhrkamp Verlag Frankfurt am Main
1973, 1980, 1986, 1995, 1997.
Druck: Nomos Verlagsgesellschaft, Baden-Baden
Printed in Germany

Inhaltsübersicht

Der Dichter und die Welt

Stockholm, den 7. 12. 1996

Der erste Satz in einer Rede ist – sagt man – immer der schwerste. Das also habe ich schon hinter mir ... Aber ich fühle, daß auch die nächsten Sätze schwer sein werden, der dritte, sechste, zehnte bis hin zum letzten, denn ich soll über Poesie sprechen. Zu diesem Thema habe ich mich selten geäußert, fast überhaupt nicht. Und immer begleitet von der Überzeugung, daß ich das nicht sonderlich gut mache. Deshalb wird mein Vortrag nicht allzu lang. Unvollkommenheiten sind leichter erträglich, wenn man sie in kleinen Dosen verabreicht.

Ein Dichter heute ist skeptisch und argwöhnisch, sogar – und das vielleicht vor allem – gegenüber sich selbst. Nur widerwillig nennt er sich öffentlich einen Dichter – fast als schämte er sich dessen ein wenig. In unserer geschäftig schrillen Zeit ist es viel leichter, sich zu den eigenen Fehlern zu bekennen, können diese nur effektvoll genug ins Licht gesetzt werden, als zu den Tugenden, denn diese sind tiefer verborgen, und man selbst glaubt letztlich auch nicht so recht an sie ... In Fragebogen oder Gesprächen mit Zufallsbekannten, wenn es längst ansteht, sich einen Dichter zu nennen, wählt man die allgemeinere Bezeichnung »Schriftsteller«, oder man gibt einen ebenfalls ausgeübten Nebenberuf an. Die Auskunft, sie hätten es mit einem Dichter zu tun, stimmt Staatsdiener oder Fahrgäste eines Busses leicht ungläubig und unruhig. Ich nehme an, die Berufsbezeichnung Philosoph löst ähnliches Befremden aus. Ein Philosoph befindet sich allerdings in einer weitaus besseren Lage. Er hat in den meisten Fällen die Möglichkeit, seinen

Beruf mit einem akademischen Titel zu schmücken. Professor der Philosophie – das klingt schon viel seriöser.

Professoren für Poesie gibt es aber nicht. Das würde nämlich bedeuten, daß dieser Tätigkeit ein Fachstudium vorausgesetzt würde, jährliche Prüfungen, theoretische Arbeiten mit Anmerkungen, Quellen und Autoritäten, schließlich ein feierlich überreichtes Diplom. Und das würde wiederum bedeuten, daß es, um Dichter zu werden, nicht genügte, einige Papierseiten mit noch so hervorragenden Gedichten zu füllen, sondern man müßte unbedingt – vor allem – im Besitz eines Stück Papiers mit Amtssiegel sein. Denken wir doch daran, daß genau unter diesem Vorwurf der Stolz der russischen Poesie, der spätere Nobelpreisträger Iosif Brodskij, in die Verbannung geschickt wurde. Man schimpfte ihn einen »Parasiten«, denn er besaß keine amtliche Bescheinigung, keine Erlaubnis, Dichter zu sein ...

Vor einigen Jahren hatte ich die Ehre und die Freude, ihn persönlich kennenzulernen. Ich bemerkte dabei, daß er unter den mir bekannten Dichtern der einzige war, der von sich gern als einem »Dichter« sprach, er sprach dieses Wort ohne Hemmung, ja trotzig offen aus. Sicherlich eingedenk der brutalen Erniedrigungen, denen er in seiner Jugend ausgesetzt war.

In glücklicheren Ländern, in denen die Menschenwürde nicht so leichter Hand angetastet wird, sehnen sich Dichter vor allem danach, publiziert, gelesen und verstanden zu werden. Sie tun aber im Alltag nichts oder nur sehr wenig, um sich von den anderen Menschen abzuheben. Noch vor nicht allzulanger Zeit, in den ersten Jahrzehnten unseres Jahrhunderts, gefielen sich die Dichter darin, mit auffallender Kleidung und exzentrischem Auftreten ihre Umwelt zu schockieren. Das war als Schauspiel für die Öffentlichkeit gedacht. Doch dazwischen gab es die Augenblicke der Zurückgezogenheit hinter verschlossenen Türen, da der Dichter den Umhang, all den Glitzerkram und die sonstigen Poetenaccessoires fallen ließ, um in Stille, in Erwartung des eigenen Ich sich dem noch unbeschriebenen Blatt Papier zu stellen. Das ist es nämlich, was in Wirklichkeit zählt.

Ein charakteristisches Phänomen. Ständig und zahlreich werden Filme über die Lebensläufe großer Gelehrter und großer Künstler produziert. Die ehrgeizigsten Regisseure sind bemüht, den schöpferischen Prozeß, der wichtigen Entdeckungen der Forschung oder berühmten Kunstwerken vorausging, glaubhaft darzustellen. Manche Forschungsarbeit läßt sich filmisch einigermaßen vorführen: Laboratorien, Instrumente, Versuche können den Zuschauer durchaus eine Zeitlang fesseln. Außerdem sind Momente der Ungewißheit an sich dramatisch: ob ein Experiment zum tausendsten Male, leicht modifiziert wiederholt, auch endlich das erwartete Ergebnis bringt. Eindrucksvoll sind unter Umständen Filme über Maler – wenn es glückt, alle Phasen der Entstehung eines Bildes vom ersten Entwurf bis zum letzten Pinselstrich nachzubilden. Filme über Komponisten sind erfüllt von Musik – von den ersten Takten, die der Künstler in sich vernimmt, bis zur Reife des Orchesterwerks. Das alles ist freilich recht naiv und sagt noch nichts über den merkwürdigen Geisteszustand, den man für gewöhnlich Inspiration nennt; zumindest aber gibt es etwas zu sehen und zu hören.

Um die Dichter steht es schlechter. Ihre Arbeit ist hoffnungslos unfotogen. Da sitzt jemand am Tisch oder liegt auf einem Sofa, starrt unablässig an die Wand oder die Decke, schreibt von Zeit zu Zeit sieben Zeilen, von denen er nach einer Viertelstunde eine streicht, und wieder vergeht eine Stunde, und es geschieht nichts ... Welcher Zuschauer hielte es aus, dem zuzusehen?

Ich habe die Inspiration erwähnt. Die Frage, was sie ist, wenn es sie gibt, beantworten die Dichter heute ausweichend. Nicht deshalb, weil sie die Wohltaten dieses inneren Impulses niemals verspürt hätten. Der Grund ist ein anderer. Es ist nicht leicht, jemandem etwas zu erklären, das man selbst nicht versteht.

Auch ich, gelegentlich danach gefragt, mache um das Wesen dieser Sache einen großen Bogen. Ich antworte beiläufig, die Inspiration sei kein ausschließliches Privileg der Dichter oder Künstler schlechthin. Es gibt, gab und wird immer eine bestimmte Gruppe von Menschen geben, die die Inspiration heimsucht. Dazu gehören alle, die sich ihre Arbeit bewußt aussuchen und sie mit Hingabe und Phantasie verrichten. Zum Beispiel manche Ärzte, Pädagogen, Gärtner und noch hundert andere Berufe. Ihre Arbeit kann ein permanentes Abenteuer sein, wenn es ihnen gelingt, in ihr immer wieder neue Herausforderungen zu entdecken. Auch in Schwierigkeiten und Niederlagen erlischt ihre Neugier nie. Sobald ein Problem gelöst ist, stellt sich ein Schwarm neuer Fragen ein. Inspiration, was auch immer sie sei, entsteht aus einem fortwährenden »Ich weiß nicht.«

Menschen dieser Art gibt es nicht viele. Die meisten Erdbewohner arbeiten, um ihren Lebensunterhalt bestreiten zu können, sie arbeiten, weil sie müssen. Nicht sie entscheiden sich für eine Arbeit, die Lebensumstände entscheiden für sie. Die ungeliebte Arbeit, die Arbeit, die langweilt, die nur deshalb geschätzt wird, weil nicht einmal sie allen offen steht, ist eine schwere Bürde der Menschheit. Und es sieht nicht so aus, als würden die nächsten Jahrhunderte hier eine Wendung zum Besseren bringen. Ich meine nicht, daß den Dichtern der alleinige Anspruch auf Inspiration zukommt, dennoch rechne ich sie zu den wenigen, die das Schicksal begünstigt.

Hier könnten sich bei meinen Zuhörern Zweifel regen. Menschenschinder jeglicher Art, Diktatoren, Fanatiker, Demagogen, die mit einigen lauthals herausposaunten Parolen um die Macht ringen, mögen ihre Arbeit auch und verrichten sie ebenfalls mit findigem Eifer. Ja, aber sie »wissen«. Sie wissen, und das, was sie wissen, reicht ihnen ein für allemal. Auf nichts sind sie neugierig, denn das könnte die Kraft ihrer Argumente schwächen. Und alles Wissen, aus dem nicht neue Fragen aufkeimen, ist schnell ein totes Wissen, verliert die Temperatur, die das Leben braucht. Im Extremfall, den wir aus der alten und neuen Geschichte nur allzu gut kennen, wird es sogar für ganze Gesellschaften zur tödlichen Gefahr.

Deshalb sind für mich die drei kleinen Wörter »Ich weiß nicht« so vertraut und kostbar. Zwar klein, aber mit starken Flügeln. Sie machen unser Leben weiter und weiter, sowohl nach innen als auch nach außen, in die Sphären hinaus, in denen unsere kleine Erde schwebt. Hätte sich Isaac Newton nicht gesagt: »Ich weiß nicht«, dann hätte es in seinem kleinen Garten zwar Äpfel hageln können, aber er hätte sich bestenfalls nach ihnen gebückt und sie mit Appetit verspeist. Wenn Maria Skłodowska-Curie, meine Landsfrau, nicht zu sich gesagt hätte: »Ich weiß nicht«, dann wäre sie sicher Chemielehrerin in einem Pensionat für junge Damen aus gutem Hause geblieben, und bei dieser – ebenfalls ehrenwerten – Arbeit wäre ihr Leben verflossen. Aber sie sprach sich immer wieder vor »Ich weiß nicht«, und genau diese Worte führten sie, sogar zweimal, nach Stockholm.

Auch ein Dichter, der wirklich ein Dichter ist, muß sich immer wieder sagen »Ich weiß nicht«. Mit jedem Gedicht versucht er, darauf zu antworten, doch sobald er nur einen Punkt gesetzt hat, beginnt er zu zögern; es wird ihm klar, daß seine Antwort provisorisch und völlig unzulänglich ist. Also versucht er es wieder und wieder, und irgendwann werden die Literarhistoriker diese Versuchskette seiner Selbstunzufriedenheit mit einer großen Büroklammer zusammenheften und mit »Œuvre« überschreiben.

Manchmal träume ich von Situationen, die nicht wahr werden können. Ich stelle mir beispielsweise in meiner Dreistigkeit vor, ich hätte die Gelegenheit, mit dem Prediger zu sprechen, dem Verfasser der eindringlichen Klage über die Eitelkeit allen menschlichen Beginnens. Ich würde mich vor ihm tief verneigen, denn schließlich ist er – meiner Ansicht nach – einer der größten Dichter. Dann würde ich ihn bei der Hand fassen. »Nichts Neues unter der Sonne«, hast du geschrieben, Prediger. Du selbst aber bist neu unter der Sonne geboren. Und das Gedicht, das du geschaffen hast, ist auch neu unter der Sonne, denn vor dir hat es niemand geschrieben. Und neu sind alle deine Leser unter der Sonne, denn die, die vor dir lebten, haben es nicht lesen können. Sogar die Zypresse, in deren Schatten du sitzt, wächst hier nicht von Anbeginn der Welt. Irgendeine andere Zypresse, der deinen ähnlich, aber nicht genau dieselbe, gab ihr den Anfang. Und außerdem wollte ich dich fragen, Prediger, was du jetzt Neues unter der Sonne schreiben wirst. Eine Fortsetzung deiner Gedanken, oder reizt es dich vielleicht, ihnen zu widersprechen? In deinem letzten Gedicht schreibst du auch über die Freude – was ist schon dabei, daß sie vergänglich ist? Womöglich wirst du ihr dein neues Gedicht unter der Sonne widmen? Hast du dir schon

Notizen, erste Skizzen gemacht? Du wirst doch kaum behaupten: »Ich habe bereits alles geschrieben, dem ist nichts hinzuzufügen.« Das könnte doch kein Dichter der Welt von sich sagen, geschweige denn ein so großer wie du.

Die Welt – was immer wir über sie denken, eingeschüchtert von ihrer gewaltigen Größe und unserer Ohnmacht, empört über ihre Gleichgültigkeit gegenüber dem einzelnen Leiden von Mensch, Tier und vielleicht auch Pflanze (denn woher nehmen wir die Sicherheit, daß Pflanzen nicht leiden), über ihre Räume, die die Sterne umstrahlen, um welche wiederum längst entdeckte Planeten kreisen, längst tote? noch tote? Das wissen wir nicht. Dieses unermeßliche Schauspiel, für das wir zwar eine Platzkarte besitzen, deren Gültigkeit lächerlich kurz ist, ist von zwei entschiedenen Daten begrenzt; was immer wir von dieser Welt denken –, sie macht uns staunen.

Im Begriff »Staunen« steckt jedoch eine logische Falle. Wir bestaunen schließlich das, was von bekannten, allgemein anerkannten Normen abweicht, von der Selbstverständlichkeit, die wir gewohnt waren. Eine selbstverständliche Welt aber gibt es überhaupt nicht. Unser Staunen ist autonom und ergibt sich aus keinem Vergleich.

Im Alltag benutzen wir freilich Wendungen wie »die gewohnte Welt«, »das gewohnte Leben«, »der gewohnte Lauf der Dinge«, weil wir hier nicht jedes Wort auf die Goldwaage legen ... In der Sprache der Poesie aber, in der jedes Wort gewogen wird, ist nichts gewöhnlich, nichts normal. Kein Stein und keine Wolke darüber. Und vor allem kein einziges Dasein hier auf dieser Erde.

Es sieht so aus, als hätten die Dichter immer noch viel zu tun.

Aus dem Polnischen von Ursula Kiermeier

Ich suche das Wort
Aus einem
nicht herausgegebenen
Gedichtband

Szukam słowa. Z nie wydanego zbioru
1945

Einst hatten wir die Welt

Einst hatten wir die Welt im Flug gewußt:
– Sie war so klein, daß zwei im Händedruck sie fassen
    konnten,
so leicht, daß sie mit einem Lächeln sich beschreiben ließ,
so einfach wie das Echo alter Wahrheit in Gebeten.

Die Geschichte hat uns keine Siegesfanfare geschmettert:
Sie hat uns schmutzigen Sand in die Augen gestreut.
Weite und blinde Straßen lagen vor uns,
bitteres Brot, vergiftete Brunnen.

Unsere Kriegsbeute ist das Wissen von dieser Welt:
– Sie ist so groß, daß zwei im Händedruck sie fassen
    können,
so schwer, daß sie mit einem Lächeln sich beschreiben läßt,
so seltsam wie das Echo alter Wahrheit in Gebeten.

Aus dem Kino kommend

Geträumtes schwirrte auf weißem Tuch.
Zwei Stunden im Mondgeflimmer.
Es gab eine Liebe, schmachtend genug,
und glückliche Heimkehr für immer.

Jenseits des Märchens ist's blau und fahl,
Gesicht und Text sind hier grauer.
Ein Partisan beklagt seine Qual,
ein Mädchen spielt ihre Trauer.

Ich komm zurück in die wahre Welt,
voll Schicksal, dunkel, verstrickt –
zu euch, einarmiger Junge am Zelt
und vergeblicher Mädchenblick.

Deshalb leben wir

Dlatego żyjemy
1952

Zirkustiere

Bären stampfen im Takt,
ein Löwe durchspringt brennende Reifen,
ein gelbgeschürzter Affe fährt Rad,
eine Peitsche knallt, Melodien ergreifen,
die Peitsche schaukelt den Blick der Tiere,
der Jumbokopf balanciert die Karaffe,
die Hunde, maßvoll im Schritt, quadrillieren.

Ich schäme mich sehr, ich – Menschenaffe.

Ein schlechtes Vergnügen war dieser Tag:
Mit Applaus wurde nicht gespart,
wenn die Hand, verlängert um den Peitschenschlag,
in den Sand der Manege scharfe Schatten warf.

Aus Korea

Sie stachen dem Jungen die Augen aus. Das Augenpaar.
Weil dieses Augenpaar so schräg und zornig war.
– Ihm ist jetzt Tag wie Nacht –
Der Oberst hatte selbst am lautesten gelacht,
er steckte einen Dollar dem Büttel in die Faust
und strich sich aus der Stirn das Haar,
zu sehen, wie der Junge, wie geblendet,
davonging, Ausschau haltend mit den Händen.

Im Jahre fünfundvierzig, Monat Mai,
glaubte ich mich zu früh vom Haß befreit,
als ich ihn zu den Andenken verbannte
der Zeit des Grauens, der Gewalt und Schande.
Heut spür ich wieder, wie not er tut,
ich brauche erneut seine Glut,
das habe ich dir, Oberst, zuzuschreiben,
du unheilvoller Possentreiber.

Fragen die ich mir stelle

Pytania zadawane sobie
1954

Fragen die ich mir stelle

Was ist der Inhalt eines
Händedrucks und Lächelns?
Bist du bei der Begrüßung
niemals unzugegen,
so wie ein Mensch dem Menschen,
der sein Urteil spricht
gleich auf den ersten Blick?
Ob du des Menschen Schicksal
öffnest wie ein Buch
und nicht in seiner Schrift,
in jeder Type
die Erregung suchst?
Bist du sicher, alles
im Menschen lesen zu können?
Du weichst aus
und antwortest
– statt ehrlich zu sein – mit einem Scherz.
Wie kalkulierst du Verluste?
Freundschaften, unerfüllte,
Welten, in Eis geschlagene.
Weißt du, daß man die Freundschaft
mitschaffen muß wie die Liebe?
Einer hielt da nicht Schritt
bei diesem strengen Werk.
Gab's in den Fehlern der Freunde
keine Schuld von dir?
Jemand klagte, verzagte.
Wie viele Tränen verrannen,
bis du zu Hilfe kamst?

Ob du, für das Glück der Jahrtausende
mitverantwortlich,
die einzelnen Minuten,
die Tränen im Gesicht
nicht zu gering schätzt?
Vermeidest du niemals fremde Mühe?
Ein Glas stand auf dem Tisch,
und keiner hat's gesehen,
erst dann, als es zerbrach,
im Leichtsinn umgeworfen.

Ist denn von Mensch zu Mensch
alles so selbstverständlich?

Verliebte

Uns ist so still, daß wir das Lied,
das gestern gesungene, hören:
»Du gehst bergauf, ich geh ins Tal . . .«*
Wir hören – und wolln es nicht glauben.

Unser Lächeln ist keine Maske der Trauer,
Güte bedeutet nicht Entsagen.
Die jetzt nicht lieben, tun uns leid,
noch mehr, als sie es wohl verdienen.

Wir sind von uns so sehr verwundert,
was könnte uns noch mehr verwundern?
Kein Regenbogen nachts.
Kein Schmetterling im Schnee.

Und wenn wir einschlafen,
sehn wir im Traum die Trennung.
Doch dieser Traum ist gut,
ja, dieser Traum ist gut,
weil wir davon erwachen.

* Anspielung auf ein polnisches Volkslied, in dem es heißt: »Du gehst
bergauf und ich ins Tal, du blühst als Rose auf und ich als
Himbeerstrauch.« Auf dasselbe Volkslied bezieht sich das Gedicht
»Versuch« auf S. 47. (A. d. Ü.)

Schlüssel

Da war ein Schlüssel, plötzlich ist er nicht da.
Wie kommen wir ins Haus, auf welche Weise?
Vielleicht findet jemand den verlorenen Schlüssel,
schaut ihn sich an – und was hat er davon?
Seine Hand spielt damit zum Spaß
wie mit einem Stück Eisen.

Stünde meine Liebe zu dir
vor ähnlich verschlossenen Toren,
ginge nicht nur uns, der ganzen Welt
diese eine Liebe verloren.
Aufgehoben in einer fremden Hand
öffnete sie kein Haus,
bliebe nur Form, vertan,
und Rost löschte sie aus.

Nicht aus Karten, Sternen, Pfauenschreien
läßt sich solche Zukunft prophezeien.

Rufe an Yeti

Wołanie do Yeti
1957

Nichts geschieht ein zweites Mal

Nichts geschieht ein zweites Mal,
auch wenn es uns anders schiene.
Wir kommen untrainiert zur Welt
und sterben ohne Routine.

Und wären wir die dümmsten
Schüler auf ihren Pennen,
wir werden keinen Winter
und Sommer nachsitzen können.

Kein Tag wird sich wiederholen,
keine Nacht, denn sie entrücken,
es gibt nicht zwei gleiche Küsse,
zwei wiederholbare Blicke.

Als jemand deinen Namen
laut nannte bei mir gestern,
war's mir, als fiel eine Rose
herein durchs offene Fenster.

Heute sind wir zusammen,
ich dreh mich zur Wand. Oh, nein!
Rose? Was ist eine Rose?
Ist's eine Blume? Ein Stein?

Was mischst du dich, böse Stunde,
mit unnützem Angstgestöhn?
Du bist – also gehst du vorüber.
Du vergehst – also ist es schön.

Lächelnd wollen wir eins sein,
wenn wir uns halbwegs umfassen,
obwohl wir uns unterscheiden
wie zwei Tropfen reinen Wassers.

Buffo

Zuerst geht unsre Liebe vorbei,
danach ein Jahrhundert oder zwei,
danach sind wir wieder vereint.

Komödiantin und Komödiant,
des Publikums Lieblingspaar,
im Theater wird man uns spielen.

Eine kleine Farce mit Couplets,
etwas Tanz, viel Gelächter,
ein treffliches Sittentableau
und Applaus.

Dich wird man urkomisch finden
auf dieser Bühne, mit dieser Eifersucht,
mit diesem Binder.

Ich bleibe ganz Karussell,
mein Kopf, mein Herz, meine Krone,
bis mein dummes Herz zerschellt,
meine Krone fällt, ich bleibe ohne.

Wir werden uns finden,
uns verlieren, der Saal wird lachen,
zwischen uns die sieben Berge, sieben Flüsse,
sieben Sprachen.

Und als ob das zu wenig wäre
an wirklichem Leid, an Niederlagen
– werden wir einander mit Worten zu Tode quälen.

Und dann werden wir uns verbeugen
nach der Farce.
Die Zuschauer werden schlafen gehn,
zu Tränen vergnügt ob des lustigen Paars.

Sie werden allerliebst leben,
die Liebe zähmen,
den Tiger aus der Hand füttern.

Und wir, auf ewig solala,
in Schellenkappen,
werden dem Klingeln lauschen barbarisch
und im Dunklen tappen.

Denkwürdigung

Im Haselholz liebten sie sich
unter den Sonnen des Taus,
mit welken Blättern im Haar
und auf der Erde zuhaus.

Schwalbenherz,
erbarme dich ihrer.

Sie knieten am Wasser nieder,
kämmten die Blätter vom Haar,
die Fische kamen geschwommen
ans Ufer als Sternenschar.

Schwalbenherz,
erbarme dich ihrer.

Das Abbild der Bäume rauchte
auf glitzernden Wogentressen.
Schwalbe, mach, daß sie niemals
vergessen.

Schwalbe, Dorn der Wolke,
Anker der Atmosphäre,
vollendeter Ikarus,
himmelfahrender Frack,

Schwalbe, Schönschreibkunst,
Zeiger ohne Minuten,
frühe Vogelgotik,
Silberblick des Himmels,

Schwalbe, spitze Stille,
heitere Traurigkeit,
Aureole Verliebter,
erbarme dich ihrer.

Kleinanzeigen

WER IMMER weiß, wo sich das Mitleid
(Phantasie des Herzens) befindet,
möge sich melden! Möge sich melden!
Er möge lauthals davon singen
und tanzen, als hätt' er den Verstand verloren,
vor Freude unter der schmächtigen Birke,
die immer weinen möchte.

ICH LEHRE das Schweigen
in allen Sprachen
nach der Methode der Versenkung
in den Sternenhimmel,
die Kiefer des Sinanthropus,
die Heupferdchensprünge,
die Säuglingsnägel,
das Plankton,
die Schneeflocke.

ICH ERNEUERE die Liebe.
Achtung! Gelegenheit!
Auf dem Rasen vom Vorjahr
im Sonnenlicht bis zum Hals
liegt ihr beim Tanz des Windes
(des vom vergangenen Jahr,
des Tanzmeisters eurer Haare).
Offerten unter: Traum.

GESUCHT WIRD jemand
zum Beweinen
der Greise, die in Altersheimen
sterben. Ich bitte,
sich zu bewerben ohne Geburtsurkunden
und ohne schriftlichen Antrag.
Die Unterlagen werden unbescheinigt
zerrissen.

FÜR DIE VERSPRECHEN meines Mannes,
der euch verführt hat mit den Farben
der volkreichen Welt, ihrem Lärm,
dem Lied vor dem Fenster, dem Hund hinter der Wand:
Ihr würdet nie allein sein
im Dunkel und in der Stille und atemlos
– komm ich nicht auf.
Nacht, Hinterbliebene des Tages.

Rehabilitierung

Ich nehme das älteste Recht der Phantasie in Anspruch
und rufe zum ersten Mal im Leben die Toten herbei.
Ich suche ihre Gesichter, lausche auf ihre Schritte,
obwohl ich weiß, wer starb, der starb genau.

's ist Zeit, den eignen Kopf in die Hand zu nehmen
und zu ihm zu sagen: Armer Yorik, wo ist dein Unwissen,
wo dein blindes Vertrauen, wo deine Unschuld,
dein Irgendwiewirdsschongehn, das Gleichgewicht des
    Geistes
zwischen der geprüften und ungeprüften Wahrheit?

Ich glaubte, sie hätten Verrat geübt und wären unwürdig
    eines Namens,
da doch das Unkraut ihre vergessenen Gräber verspottet
und Raben sie hänseln, das Schneetreiben auslacht
– und dieses waren, Yorik, ja die falschen Zeugen.

Die Ewigkeit der Toten dauert so lang,
solange man an sie denken wird.
Windige Währung. Es vergeht kein Tag,
an dem nicht einer seine Ewigkeit verliert.

Heut weiß ich von der Ewigkeit mehr:
Man nimmt und gibt sie nur auf Zeit.
Wird einer Verräter genannt – der sei
mit seinem Namen dem Tode geweiht.

Diese unsre Gewalt über Tote und Moritaten
erfordert eine nicht zu erschütternde Waage,
und daß das Gericht nicht zur Nachtzeit berate,
das Urteil kein Richter splitternackt sage.

Die Erde gärt – und sie, schon Erde geworden,
treten Klumpen für Klumpen, in einem Reigen
zu ihren Namen, Kränzen und Orden
ins Volksgedächtnis, aus dem Verschweigen.

Wo bleibt meine Macht über die Worte?
Die Worte sanken auf den Grund der Tränen,
Worte Worte machen nicht lebendig genug,
Beschreibungen sind leblose Fotografie,
ich kann die Opfer nicht für einen halben Atemzug
wecken, ich, Sisyphus, verschrieben der Hölle der Poesie.

Sie suchen uns heim. Und zerschneiden
– diamantenscharf – die äußerlich blanken Vitrinen,
die Fenster gemütlicher Häuser,
die rosa Brillen, die gläsernen
Hirne und Herzen, im stillen.

Den Freunden

Vertraut mit den großen Räumen
zwischen Himmel und Erde,
verlieren wir uns im Raum
zwischen Erde und Kopf.

Der Weg vom Leid bis zur Träne
ist interplanetarisch.
Unterwegs vom Trug zum Sein
ergraut unser Kinderschopf.

Wir spotten des Satelliten,
dieser Spalte der Stille
zwischen Flug und Schall
– als einem Weltrekord.

Es gab schon schnellere Flüge.
Ihr verspätetes Echo
riß uns aus unserem Schlaf
nach vielen Jahren erst fort.

Ein Rufen breitet sich aus:
Wir sind total unschuldig!
Wer ruft denn da? Wir laufen,
öffnen die Fenster zur Welt.

Da stockt die Stimme plötzlich.
Hinter den Fenstern fallen
Sterne, wie nach einer Salve
Tünche von Wänden fällt.

Die zwei Affen von Breughel

So sieht er aus, mein großer Traum von der Reifeprüfung:
Im Fenster sitzen zwei angekettete Affen,
draußen segelt der Himmel
und badet das Meer.

Ich werde in Menschheitsgeschichte geprüft.
Ich stottere und ich stocke.

Der eine Affe hört mir ironisch zu, begafft mich stier,
der andere tut, als schlummerte er –
erst als die Frage fällt, das Schweigen beginnt,
sagt er mir vor
unter leisem Kettengeklirr.

Noch

In plombierten Waggons, bewacht,
fahren Namen durch Land und Nacht.
Wohin sie fahren in Herden
und ob sie mal aussteigen werden,
fragt nicht, ich sag's nicht, ich weiß nicht.

Der Name Nathan trommelt an die Wand,
der Name Isaak greint ohne Verstand,
der Name Sarah ruft nach Wasser für
den Namen Aaron, der verdurstet hier.

Spring nicht vom fahrenden Zug, Name David.
Du bist Name, der zum Verderben verdammt,
Unbehauster, niemandem eigen,
zu schwer zu tragen in diesem Land.

Nenn deinen Sohn jetzt slawisch, Frau,
sie zählen das Kopfhaar hier genau,
für sie steckt der Recht-und-Schlecht-Unterschied
in euren Namen, im Schnitt vom Lid.

Spring nicht vom fahrenden Zug. Nenn ihn Lech.
Spring nicht. Noch ist es nicht soweit.
Spring nicht. Die Nacht dröhnt wie Hohngelächt',
sie hänselt das Rattern der Räder im Gleis.

Eine Menschenwolke überzog das Land,
große Wolke, kleiner Regen, eine Träne rann,
kleiner Regen, eine Träne. Dürre, kalt.
Das Geleise führt in den schwarzen Wald.

Ja so, ja, rattert's. Durch Waldgefahren.
Ja so, ja. Transporte von Rufen fahren.
Ja so, ja. Ich höre, nachts geweckt,
ja so, ja, wie Stille die Stille schreckt.

Von der nicht stattgehabten Expedition
in den Himalaja

Aha, das also ist der Himalaja!
Berge unterwegs zum Mond.
Der Moment des Starts, verewigt
am plötzlich geschlitzten Himmel.
Die Wüste der Wolken durchstoßen.
Ein Schlag ins Nichts.
Echo – das weiße Stumme.
Stille.

Yeti, unten ist Mittwoch, das Abece, das Brot,
und zwei mal zwei ist vier,
und der Schnee taut.
Ein kreuzgeteilter
roter Apfel ist dort.

Yeti, nicht nur Verbrechen
sind bei uns möglich.
Yeti, nicht alle Worte
sind ein Todesurteil.

Wir erben Hoffnung –
die Gabe des Vergessens.
Du wirst sehn, wie wir Kinder
auf Ruinen gebären.

Yeti, wir haben Shakespeare.
Yeti, wir spielen Geige.
Yeti, und wenn es dunkelt,
machen wir das Licht an.

Hier – weder Erde noch Mond,
und die Tränen gefrieren.
O Yeti Halbfaust,
überleg es, komm zurück!

So rufe ich Yeti zu
in den vier Lawinenwänden
und strample mich im Schnee,
dem ewigen,
warm.

Versuch

Oh, ja, kleines Lied, du verspottest meinen Geist,
und ginge ich bergauf, ich blühte nie als Rose.
Als Rosen blühn nur Rosen, niemand sonst. Wie du weißt.

Ich wollte Blätter haben. Wollte buschig sprießen.
Mit angehaltenem Atem aus reiner Ungeduld
mich erwartungsvoll zur Rose verschließen.

Gnadenloses Liedchen, du treibst es mit mir arg;
ich hab einen Einzelkörper, keinen wandelbaren,
ich bin einmalig hier bis ins Knochenmark.

Vier Uhr am Morgen

Die Stunde von Nacht zu Tag.
Die Stunde von einer Seite auf die andre.
Die Stunde, die sich auf das Krähen der Hähne bereitet.

Die Stunde der Dreißigjährigen, fiebrig.
Die Stunde, da die Erde uns verleugnet im Entfernen.
Die Stunde des Winds von erloschenen Sternen.
Die Stunde Bleibt-denn-von-uns-nichts-mehr-übrig.

Die hohle Stunde.
Die taube, beschimpfte.
Aller anderen Stunden letzte Tiefe.

Um vier Uhr am Morgen geht's niemandem gut.
Geht's den Ameisen gut um vier Uhr am Morgen
– sie seien beglückwünscht. Dann komme die fünfte,
sofern wir noch weiterleben sollen.

Sommernachtstraum

Schon leuchtet der Wald der Vogesen.
Komm mir nicht nahe.
Ich Dumme, ich Dumme,
mich mit der Welt einzulassen.

Ich aß Brot, trank Wasser,
vom Winde umweht, vom Regen durchnäßt.
Deshalb hüte dich vor mir, geh fort.
Und schließe die Augen fest.

Geh fort, geh fort, doch nicht zu Lande.
Schwimm fort, schwimm fort, doch nicht durch Meere.
Flieg fort, flieg fort, mein Guter,
ohne die Luft zu queren.

Sehn wir in uns mit geschlossenen Augen.
Sprechen wir uns mit geschlossenem Mund.
Nehmen wir uns durch die dicke Mauer.

Wir sind ein leicht komisches Paar:
Der Wald statt des Mondes scheint klar,
deiner Dame aber, Pyramus, treibt
der Wind den radioaktiven Mantel vom Leib.

Atlantis

Sie waren da oder auch nicht.
Auf einer Insel oder auf keiner.
Der Ozean oder kein Ozean
hat sie verschlungen oder auch nicht.

Gab's denn da jemand, um jemand zu lieben?
Gab's denn da jemand, mit jemand zu kämpfen?
Es ist passiert, nichts oder alles,
dort oder nicht dort.

Sieben Städte gab's.
Ist das sicher?
Es sollte sie ewig geben.
Und die Beweise?

Sie hatten das Pulver nicht erfunden, nein.
Sie hatten es erfunden, ja.

Die Vermuteten. Die Zweifelhaften.
Die Nichtverewigten.
Die nicht aus der Luft, dem Feuer,
dem Wasser, der Erde Gegriffenen.

Die weder im Stein
noch im Regentropfen Enthaltenen.

Sie konnten doch kaum im Ernst
zur Warnung posieren.

Ein Meteor fiel herunter.
Es war kein Meteor.

Ein Vulkan brach aus.
Es war kein Vulkan.
Jemand rief etwas.
Niemand nichts.

Auf diesem plus minus Atlantis.

Ich bedenke die Welt

Ich bedenke die Welt, Ausgabe zwei,
Ausgabe zwei, verbessert,
den Idioten zum Spott,
den Grüblern zum Heulen,
den Kahlen für den Kamm,
den Hunden für die Katz.

Kapitel eins:
Die Sprache der Pflanzen und Tiere,
wo wir für jede Gattung
entsprechenden Wortschatz führen.
Sogar das einfache Guten Tag,
gewechselt mit einem Fisch,
stärkt uns, den Fisch und alle
im Leben.

Dieser längst geahnte,
plötzlich in der Wirklichkeit der Wörter
improvisierte Wald!
Diese Epik der Eulen!
Diese Aphorismen eines Igels,
ersonnen, wenn
wir überzeugt sind,
daß er pennt.

Die Zeit (Kapitel zwei)
hat das Recht, sich einzumischen
in alles, ob gut oder böse.
Aber jene – die Berge zerbricht,

Ozeane versetzt, das Sternenlicht
kreisend begleitet,
hat nicht die geringste Gewalt
über das Liebespaar, das allzu unbekleidet,
weil allzu umarmt, mit gesträubter
Seele, wie mit einem Spatzen auf der Schulter.

Das Alter ist nur die Moral
im Leben eines Kriminellen.
Ach, jung sind doch alle Braven.
Das Leid (Kapitel drei)
kann unseren Körper nicht entstellen.
Der Tod kommt, wenn wir schlafen.

Und träumen werden wir,
daß man gar nicht atmen müßt,
daß Stille ohne Atem
keine schlechte Musik ist;
wir sind klein wie ein Funke und nackt
und erlöschen im Takt.

Nur so ist der Tod. Wer
eine Rose in der Hand hält, leidet mehr,
und größeres Entsetzen empfand,
wer sah, daß das Blatt fiel in den Sand.

Nur so ist die Welt. Nur so, denk einmal nach,
leben wir. Und sterben nur soviel.
Alles andere ist – wie Bach,
vorübergehend gespielt
auf einer Säge.

Salz

Sól
1962

Die Affenfrau

Vor dem Menschen aus dem Paradies vertrieben,
denn ihre Augen waren derart ansteckend,
daß, wenn sie sich umsah in Eden,
sie die Engel, einen jeden,
in ungeahnte Trauer stieß. Aus diesem Grund, obschon
ohne Demut, mußte sie sich damit abfinden,
hier auf Erden ihre prächtigen Sippen zu gründen.
Schwungvoll, behend und schlau, bis heute graciös,
geschrieben mit c, aus der Tertiärformation.

Im alten Ägypten verehrt, nahm sie das gestirnte
       Schwärmen
der Flöhe in ihrer heiligsilbernen Mähne in Kauf
und lauschte besorgt, erzschweigsam, darauf,
was man von ihr wollte. Ach, das Nichtsterben, das
       ewige Ziel.
Und sie ging, den rosigen Bürzel schaukelnd
zum Zeichen, daß sie weder verbietet noch empfiehlt.

In Europa nahm man ihr die Seele,
ließ ihr aber aus Unachtsamkeit die Hände;
ein Mönch malte eine Heilige
mit langen Tierfingern.
Die Heilige mußte
die Gnade wie eine Nuß empfangen.

Warm wie ein Neugeborenes, zitternd wie
ein Greis, brachten sie Schiffe an königliche Höfe.
Hochfliegend am goldenen Kettchen, in dem
papageienfarbenen Fräckchen eines Marquis,
wimmerte sie. Kassandra. Was gibt's da zu lachen.

In China eßbar, schneidet sie auf dem Teller
gekochte oder gebratene Grimassen.
Ironisch wie ein Brillant in falscher Fassung.
Ihr Hirn schmeckt
angeblich zart, ist es auch defekt,
da es das Pulver nicht erfand.

In Märchen, die sie meist scheu und einsam fanden,
spielt sie in Spiegeln den Dummerjan,
verspottet sich selbst, das heißt geht mit gutem Beispiel
       voran
uns, über die sie alles weiß, wie eine arme Verwandte,
auch wenn wir uns nicht grüßen.

Lektion

Wer was Alexander der Große *mit wem womit* mit dem
    Schwert
durchschlägt *wen was* den gordischen Knoten.
Das kam *wem was* niemandem in den Sinn.

Hundert Philosophen gab's – keiner entknotete ihn.
Kein Wunder, daß sie sich jetzt in die Ecken verziehn.
Die Söldner zerren sie an den Bärten,
den wirren, den grauen, den bocksgelehrten,
und laut erschallt *wer was* das Lachen.

Genug. Der König mustert unter dem Federbusch Mann
    für Mann,
besteigt das Roß und reitet voran.
Und hinter ihm unterm Blasen der Bläser, Trommeln der
    Trommler hetzt
wer was die Armee *aus wem aus was* aus Knötchen
    zusammengesetzt
in wen in was in die Schlacht.

Museum

Da sind Teller, aber kein Appetit.
Da sind Ringe, doch ohne Gegenliebe
seit mindestens dreihundert Jahren.

Da ist ein Fächer – wo aber das Rot der Wangen?
Schwerter – doch wo ist der Zorn?
Die Laute klingt nicht einmal nach zur grauen Stunde.

Aus Mangel an Ewigkeit wurden
zehntausend alte Gegenstände versammelt.
Ein verschimmelter Diener schlummert behaglich
und läßt seinen Schnurrbart auf die Vitrine sinken.

Vogelfeder, Lehm, Metalle
triumphieren leise in der Zeit.
Nur die Nadel des ägyptischen Lachweibs kichert.
Die Krone überdauerte den Kopf.
Die Hand verlor gegen den Handschuh.
Der rechte Schuh siegte über den Fuß.

Was mich betrifft, ich lebe, recht und schlecht,
mein Wettlauf mit dem Kleid geht weiter.
Doch welchen Widerstand es leistet!
Und wie es überleben möcht!

Ein Augenblick in Troja

Die kleinen Mädchen,
mager und ohne Hoffnung,
die Sommersprossen auf ihren Wangen loszuwerden,

Mädchen, die niemand beachtet,
die über die Lider der Welt gehn,

dem Vater ähnlich oder der Mutter,
was sie offen gesagt entsetzt,

werden zuweilen vom Teller,
vom Buch,
vom Spiegel
nach Troja entführt.

In den großen Garderoben des Augenblicks
verwandeln sie sich in schöne Helenen.

Sie treten ein über königliche Treppen
im Rausch der Bewunderung und der langen Schleppe.

Sie fühlen sich leicht. Sie wissen,
Schönheit behagt,
die Sprache gewinnt im Munde Sinn,
und Gesten meißeln sich selbst
im begnadeten Leichthin.

Ihre Gesichtchen,
wie geschaffen für Kochanowskis Gesandte,
ragen würdig auf den Hälsen,
die einer Belagerung wert sind.

Die dunkelhaarigen Filmliebhaber,
die Brüder der Freundinnen, ach,
der Zeichenlehrer,
sie alle werden fallen.

Vom Turm des Lächelns
betrachten die kleinen Mädchen
die Katastrophe.

Die kleinen Mädchen
ringen die Hände
im Ritus der Heuchelei, der berauscht.

Die kleinen Mädchen
mit den Ohrringen des allgemeinen Lamentos,
im Diadem der brennenden Stadt,
vor dem Fond der Verwüstung.

Blaß und ohne eine einzige Träne.
Siegesbewußt. Des Anblicks satt.
Nur traurig darüber,
daß sie heimkehren müssen.

Die kleinen Mädchen
bei der Heimkehr.

Schatten

Mein Schatten folgt als Narr der Königin.
Sobald die Königin vom Stuhl sich reckt,
streckt an der Wand auch er sich nach ihr hin
und stößt den dummen Kopf gegen die Deck.

Das schmerzt vielleicht auf seine Art
in der Zweiseitenwelt. Vielleicht
fühlt sich der Narr an meinem Hof genarrt
und spielte lieber einen andern Part.

Die Königin – sie lehnt am Fenster heil,
der Narr dagegen springt zum Fenster ab.
So haben sie sich jede Tat geteilt,
obwohl es niemals halbe-halbe gab.

Der Simpel maßte sich die Gesten an,
das Pathos und sein Schamlossein alsdann,
das alles, wofür mir die Kräfte fehlen
– Krone, Zepter, Mantel, Kronjuwelen.

Ich werde, ach, die Arme leicht bewegen,
ach, leicht mein Haupt nach hinten wenden,
König, bei unsrem Abschiednehmen,
König, auf einer Bahnstation.

König, es legt auf diese Weise,
König, der Narr sich auf die Gleise.

Der Rest

Ophelia sang die tollen Lieder ab
und floh von der Bühne, besorgt,
ob ihr Kleid nicht zerknittert war, ob das Haar
auf die Schultern hinunterfloß, wie sich das gehört.

Zu wahrer Letzt wäscht sie die schwarze Verzweiflung
aus ihren Brauen und zählt – als Polonius' natürliche
    Tochter –
sicherheitshalber die Blätter nach, die sie aus dem Haar
    herausholt.
Ophelia, Dänemark möge mir und dir vergeben:
Beflügelt gehe ich unter, in praktischen Krallen werde
    ich überleben.
Non omnis moriar aus Liebe.

Clochard

In Paris, am Tage, morgendlich bis in die Dämmerung,
in Paris wie,
in Paris, das
(o heilige Naivität der Beschreibung, steh mir bei!)
im Garten neben der steinernen Kathedrale
(die nicht erbaut wurde, o nein,
sie wurde auf der Laute gezupft)
schlief in sarkophagener Haltung
ein Clochard, weltlicher Mönch, Entsager.

Wenn er etwas gehabt hatte – er hat es verloren,
und will dessen verlustig es auch nicht wiederfinden.
Ihm steht noch der Sold zu für die Unterwerfung Galliens,
er hat es verschmerzt, beharrt nicht mehr drauf.
Im fünfzehnten Jahrhundert wurde er nicht entlohnt,
als er Modell stand für den linken Schächer,
er hat es vergessen, hat aufgehört zu warten.

Den Rotwein verdient er sich,
indem er den örtlichen Hunden das Fellhaar stutzt.
Er schläft mit der Miene eines Traumerfinders,
sein Bart schwärmt aus, der Sonne entgegen.

Die alten Chimären entsteinern
(Flugwichte, Tieflinge, Flederaffen, Mottiche,
Wühlkröten, Hinterhälter, bebeinte Köpfe,
Vielgekriech, gotisches allegro vivace)

und betrachten ihn mit einer Neugier,
die sie für keinen von uns haben,
besonnener Peter,
geschäftiger Michael,
rührige Eva,
Barbara, Klara.

Wörtchen

»*La Pologne? La Pologne?* Schrecklich kalt dort, nicht wahr?« fragte sie mich und atmete erleichtert auf. Es gibt jetzt so viele von diesen Ländern, daß es am sichersten ist, über das Klima zu sprechen.

»Oh, ja«, möchte ich ihr entgegnen, »die Dichter meines Landes schreiben in Handschuhn. Ich behaupte nicht, sie zögen sie niemals aus; wenn der Mondschein wärmt, dann schon. In ihren Strophen, von rollendem Gedonner skandiert, denn nur das dringt durch das Getöse der Stürme, besingen sie das einfache Leben der Seehundhirten. Die Klassiker wühlen mit Tintenzapfen in den festgetretenen Dünen. Der Rest, die Dekadenten, beweint das Schicksal der kleinen Sterne aus Schnee. Wer sich ertränken will, muß zum Beil greifen, um eine Wake zu schlagen. So ist das, meine Liebe.«

So möchte ich ihr antworten. Aber ich habe vergessen, was Seehund auf französisch heißt. Ich bin mir auch des Zapfens und der Wake nicht ganz sicher.

»*La Pologne? La Pologne?* Schrecklich kalt dort, nicht wahr?«

»*Pas du tout*«, antwortete ich eisig.

Überraschendes Wiedersehn

Wir begegnen einander höflich,
behaupten: Wie nett, sich nach Jahren wiederzusehn.

Unsere Tiger trinken Milch.
Unsere Habichte laufen zu Fuß.
Unsere Haie ertrinken im Wasser.
Unsere Wölfe gähnen vor dem offenen Käfig.

Unsere Schlangen haben sich freigeschüttelt von Blitzen,
Affen von Einfällen, Pfauen von Federn.
Die Fledermäuse sind längst aus unseren Haaren geflüchtet.

Wir verstummen mitten im Satz,
rettungslos lächelnd.
Unsereiner hat sich
nichts mehr zu sagen.

Goldene Hochzeit

Sie müssen früher verschieden gewesen sein,
Feuer und Wasser, sich jäh unterschieden haben,
einander beraubt und einander beschenkt
in der Begierde, im Angriff auf ihre Unähnlichkeit.
Umarmt, nahmen und gaben sie sich so lange,
bis nur noch Luft in den Armen zurückblieb,
transparent nach dem Abflug der Blitze.

Eines Tages fiel die Antwort vor der Frage.
Eines Nachts errieten sie den Ausdruck ihrer Augen
an der Art des Schweigens, im Dunkel.

Das Geschlecht verblüht, die Geheimnisse verglimmen,
im Ähnlichen begegnen sich Unterschiede
wie alle Farben im Weiß.

Wer von ihnen ist verzweifacht, wer nicht da?
Wer lächelt zwei Lächeln?
Wessen Stimme hallt zweistimmig wider?
In wessen Bejahen nicken sie die Köpfe?
Mit wessen Geste heben sie den Löffel zum Mund?
Wer zog hier wem das Fell über die Ohren?
Wer lebt hier, wer ist hier gestorben,
versponnen in die Linien – von wessen Hand?

Langsam wachsen Zwillinge aus dem Starrblick.
Vertrautheit ist die vollendetste der Mütter,
von ihren beiden Kindern zieht sie keines vor,
sie weiß sie kaum zu unterscheiden.

Am Tag der goldenen Hochzeit, dem Feiertag,
setzte sich eine einerlei gesehene Taube ans Fenster.

Das Hungerlager bei Jasło

Schreib's auf. Schreib. Mit gewöhnlicher Tinte
auf gewöhnlichem Papier: Man gab ihnen nicht zu essen,
sie starben vor Hunger. *Alle? Wie viele?*
Die Wiese ist groß. Wieviel Gras entfiel
auf einen? Schreib auf: Ich weiß nicht.
Die Geschichte rundet die Skelette zur Null.
Tausend und einer sind immer noch tausend.
Der eine ist so, als gäb es ihn nicht:
Scheinschwangerschaft, eine hohle Wiege,
eine offene Fibel für niemand,
Luft, die lacht, die schreit und wächst,
Treppen einer Leere, die in den Garten läuft,
niemandes Stellung im Glied.

Wir sind auf der Wiese, wo es Fleisch ward.
Sie aber ist stumm wie ein gekaufter Zeuge.
Im Sonnenlicht. Grün. Dort unweit der Wald
mit der kaubaren Rinde, dem trinkbaren Baumsaft –
die ganze Tagesration Aussicht,
solange man nicht erblindet. Oben ein Vogel,
der über den Mund als ein Schatten
von nahrhaften Flügeln vorbeiflog.
Die Kiefer öffneten sich,
Zahn schlug auf Zahn.
Nachts blinkte am Himmel die Sichel
und erntete für das geträumte Brot.
Hände aus geschwärzten Ikonen kamen geflogen,
mit leeren Kelchen in den Fingern.
Am Stacheldrahtrost
wankte ein Mensch.

Man sang, den Mund voll Erde. *Ein schönes Lied davon, daß der Krieg mitten ins Herz trifft.*
Schreib: Was für eine Stille.
Ja.

Gleichnis

Die Fischer hatten eine Flasche aus der Tiefe gefischt. Sie enthielt einen Zettel mit folgender Post: »Leute, Hilfe! Ich bin hier. Der Ozean hat mich auf das menschenleere Eiland geworfen. Ich stehe am Ufer und warte auf Rettung. Beeilt euch. Ich bin hier!«

»Hm. Ohne Datum. Es ist sicher zu spät. Womöglich treibt die Flasche schon sehr lange im Meer«, sagte der erste Fischer.

»Und der Ort fehlt. Man weiß nicht einmal, welcher Ozean«, fügte der zweite Fischer hinzu.

»Weder zu spät noch zu weit. Die Insel Hier gibt's überall«, meinte der dritte Fischer.

Es wurde ungemütlich still.

Allgemeine Wahrheiten haben das so an sich.

Beim Wein

Er sah mich an, sein Blick gab mir Schönheit,
und ich empfing sie als die meine.
Glücklich verschlang ich einen Stern.

Ich ließ geschehen, daß er mich ausdachte
zum Ebenbild der Spiegelung
in seinen Augen. So tanze ich, tanze
im Geflatter plötzlicher Flügel.

Der Tisch ist Tisch, der Wein ist Wein
im Glas, das ein Glas ist
und stehend auf dem Tisch steht.
Aber ich bin imaginär,
unglaublich imaginär,
imaginär bis ins Blut.

Ich erzähle ihm, was er will: von Ameisen,
die an der Liebe sterben
unter dem Sternbild der Pusteblume.
Ich schwöre, daß weiße Rosen,
mit Wein besprengt, singen.

Ich lache, neige den Kopf
behutsam, als überprüfte ich
eine Erfindung. So tanze ich, tanze
in der staunenden Haut, in der Umarmung,
die mich erschafft.

Eva aus der Rippe, Venus aus Schaum,
Minerva aus Jupiters Haupt
waren wirklicher.

Sieht er an mir vorbei,
such ich mein Spiegelbild
an der Wand. Und sehe nur
den Nagel, kein Bild.

Die Frauen von Rubens

Frauliche Fauna, Walküren,
nackt wie das Donnern der Tonnen.
Sie nisten in zertrampelten Betten,
schlafen mit aufgerissenen Mündern, als wollten sie
    krähen.
Ihre Augäpfel flohen nach innen
und stieren tief in die Drüsen,
aus denen Hefe sickert ins Blut.

Töchter des Barock. Der Teig setzt Fett an im Backtrog,
Bäder dampfen, Weine erröten,
über den Himmel galoppieren Wolkenferkel,
Trompeten wiehern den physischen Alarm.

O aufgedunsene, o kürbisrunde
und durch das Wegwerfen ihrer Kleider verdoppelte
und durch die gewalttätige Pose verdreifachte,
fette Liebesgerichte!

Ihre mageren Schwestern waren früher aufgestanden,
bevor es dämmerte auf dem Bild.
Und niemand sah, wie sie gingen im Gänseschritt
über die unbemalte Seite der Leinwand.

Vertriebene des Stils. Abgezählte Rippen,
Vogelnatur der Füße und Hände.
Mit den hervorstehenden Schulterblättern versuchen sie
    davonzuflattern.

Das dreizehnte Jahrhundert hätte ihnen goldenen Grund
    gegeben,
das zwanzigste eine Silberleinwand.
Dieses siebzehnte hat für die Flachen gar nichts übrig.

Konvex ist sogar der Himmel,
konvex sind Engel und Gott –
Phöbus mit Schnurrbart, der auf einem schwitzenden
Roß in den kochenden Alkoven reitet.

Koloratur

Sie steht unter dem Baumperückchen,
singt ewige Zerstreuung, Stück für Stückchen,
die Silben, italienisch silbern, rinnen
haardünn wie das Sekret der Seidenspinnen.

Sie liebt den Chevalier vom hohen C
in Ewigkeit wie eh und je.
Für ihn trägt ihre Kehle Spiegel,
trillert Triolen, läßt die Wörtchen stieben,
und, Röstbrot bröselnd in den Rahm,
füttert sie Schäfchen fein aus Porzellan,
die Filouette aus Filigran.

Doch höre ich richtig? Wehe!
Das schwarze Fagott schleicht sich in ihre Nähe.
Schwere Musik auf rabenschwarzen Brauen
entführt, zerbricht sie mittendurch, danach
basso profundo, Erbarmen, ach,
doremi mene tekel upharsin!

Willst du sie schweigen machen? Entführen
in kalte Weltkulissen? Ins Land
der chronischen Heiserkeit? In den Tartarus des Katarrhs?
Wo ewiges Geräusper herrscht?
Wo die Fischmäulchen unglücklicher Seelen
sich regen? Dorthin?
O nein! O nein! Zu böser Stund
falle man nicht auf seinen Mund!
An Härchen, überhört in Eile,

da schwankt das Los nur eine Weile,
nur, daß sie Atem schöpfen kann,
als Echo an die Decke klettert, dann
zurückkehrt ins Kristallglas vox humana
und klingt, als säte jemand Licht.

Schönheitskonkurrenz der Männer

Gespannt vom Spann bis an den Kiefer.
Von Oliofirmamenten triefend.
Nur der bekommt die Mister-Note,
der wie ein Striezel zugeknotet.

Er fürchtet einen Bären nie, bewahre,
den bedrohlichsten nicht (obwohl der nicht zugegen).
Drei unsichtbare Jaguare
erlegt er mit drei schnellen Schlägen.

Der Grätsche Meister und der Hocke.
Sein Bauch hat fünfundzwanzig Mienen.
Ein Vielgeschwulst – der Saal frohlocke –
dank seiner Zaubervitamine.

Autorenabend

Muse, kein Boxer zu sein bedeutet, gar nicht zu sein.
Das brüllende Publikum hast du uns nicht gegönnt.
Zwölf Zuhörer sind im Saal.
Zeit anzufangen.
Die Hälfte ist da, weil es regnet,
der Rest sind Verwandte. Muse!

Die Frauen fielen an diesem herbstlichen Abend gern in
        Ohnmacht,
sie werden es tun, allerdings nur bei einem Faustkampf.
Nur dort gibt es dantische Szenen.
Ebenso das Indenhimmelgehobenwerden. Muse.

Kein Boxer zu sein, Poet zu sein,
verurteilt zu lebenslänglichem Büchner,
aus Mangel an Muskulatur der Welt die künftige
        Schullektüre
vorzuführen, im günstigsten Fall.
O Muse. Pegasus,
Engel unter den Pferden.

Der Greis in der ersten Reihe träumt behaglich,
seine Verblichene steige aus ihrem Grab und
backe ihm einen Pflaumenkuchen.

Mit Feuer, doch mit einem kleinen, sonst könnte der
        Kuchen verbrennen,
beginnen wir unsre Lesung. Muse.

Grabstein

Hier ruht, altmodisch wie das Komma, eine
Verfasserin von ein paar Versen. Die Gebeine
genießen Frieden in den ewigen Gärten,
obwohl sie keiner Literatengruppe angehörten.
Drum schmückt nichts Beßres ihre Totenstätte
als Reimerei, die Eule und die Klette.
Passant, hol das Elektronenhirn aus dem Aktenfach
und denk über Szymborskas Los ein wenig nach.

Prolog einer Komödie

Er baute sich eine Geige aus Glas, weil er die Musik sehen wollte. Er zog seinen Kahn auf den Gipfel des Berges und wartete, daß das Meer zu ihm käme. Nächtelang las er sich fest im Kursbuch; die Endstationen rührten ihn zu Tränen. Er züchtete Veilchen mit F. Er schrieb ein Gedicht auf die Haarwuchspflege, darauf ein ähnliches zweites. Er zerschlug die Rathausuhr, um den Blätterfall der Bäume ein für allemal aufzuhalten. Im Blumentopf, wo der Schnittlauch wuchs, wollte er eine Stadt ausgraben. Er ging mit der Erde bei Fuß, lächelnd, langsam, wie zwei und zwei gleich zwei – glücklich. Als man ihm sagte, daß es ihn gar nicht gebe, konnt er vor Kummer nicht sterben und mußte geboren werden. So lebt er nun irgendwo, blinzelt und wächst. Im rechten Moment! Zur guten Zeit! Unserer Lieben Frau, Der Süßen Besonnenen Maschine kommt ein Narr zur würdigen Kurzweil und zum unschuldigen Trost baldig zustatten.

Bildnis

Wenn die Götterlieblinge jung sterben,
was tun mit dem Rest des Lebens?
Das Alter ist wie ein Abgrund,
ist doch die Jugend der Gipfel.

Ich rühre mich nicht von hier.
Ich bleibe jung, und sei es auf einem Bein.
Mit einem Schnurrbart, dünn wie ein Mäusepieps,
hänge ich mich an die Luft.
In dieser Haltung werde ich immer aufs neue geboren.
Andere Künste beherrsche ich nicht.

Aber das bin immer ich:
die magischen Handschuhe,
im Knopfloch der Kotillon
vom ersten Kostümball,
das Falsett der jugendlichen Manifeste,
das Gesicht aus dem Traum der Näherin von einem
     Croupier,
die Augen, die ich gern herausgeschält malen,
mit denen ich wie mit Erbsen aus einer Schote werfen würde,
bei diesem Anblick nämlich vibrierten die leblosen Schenkel
des gemeinen Frosches.

Staunt auch ihr.
Staunt bei den hundert Fässern des Diogenes,
daß ich mehr Einfälle habe als er.
Betet
den ewigen Anfang.

Was ich in Fingern halte,
sind Spinnen, die ich in die Tusche tauche
und auf die Leinwand werfe.
Ich bin wieder auf der Welt.
Ein neuer Nabel blüht
auf dem Bauch des Künstlers.

Ich bin zu nah

Ich bin zu nah, als daß er von mir träumte.
Ich fliege nicht über ihm hin, laufe ihm nicht davon
unter die Wurzeln der Bäume. Ich bin zu nah.
Nicht meine Stimme singt der Fisch im Netz.
Der Ring rollt nicht von meinem Finger.
Ich bin zu nah. Das große Wohnhaus brennt,
da, wo ich Hilfe schreie, ohne mich. Zu nah,
als daß die Glocke läutete auf meinem Haar.
Zu nah, um einzutreten wie ein Gast,
vor dem die Wände sich gleich öffnen.
Nie sterbe ich zum zweiten Mal so leicht,
so wissenlos, so außerhalb des Körpers
wie einst in seinem Traum. Ich bin zu nah,
zu nah. Ich hör das Zischen
und seh die Schuppe schillern dieses Worts,
erstarrt in der Umarmung. Er schläft tief,
zugänglicher in diesem Augenblick der einmal nur
      gesehenen
Kassiererin des Wanderzirkus mit dem Löwen
als mir, die ich an seiner Seite liege.
Jetzt wächst für sie das Tal in ihm,
rostlaubig, eingesperrt vom schneebedeckten Berg
in blauer Luft. Ich bin zu nah,
um ihm vom Himmel in den Schoß zu fallen.
Mein Schrei kann ihn nur wecken. Ich bin, Arme,
beschränkt auf meine eigene Gestalt
und war doch Birke, Eidechse
und trat aus Zeiten und Brokaten vor,
mit Farben vieler Häute flimmernd. Und besaß

die Gnade, vor erstaunten Augen zu verschwinden,
den Schatz der Schätze. Jetzt bin ich nah, zu nah,
als daß er von mir träumte.
Ich zieh den Arm unter dem Kopf des Schlafenden hervor,
erstarrt, voll ausgeschlüpfter Nadeln.
Auf jeder ihrer Spitzen, abzuzählen,
sitzen gestürzte Engel.

Auf dem Turm Babel

»*Wie spät?*« – »Ja, ich bin glücklich,
mir fehlt nur ein Glöckchen am Hals,
das über dir klingelte, wenn du schläfst.«
»*Hast du das Unwetter nicht gehört? Der Wind rüttelte
an der Mauer,
wie ein Löwe gähnte der Turm mit dem großen Tor
in quietschenden Scharnieren.*« – »Wie, du hast es
vergessen?
Ich trug das gewöhnliche graue Kleid
mit der Schulterspange.« – »*Und gleich danach barst der
Himmel in hundert Blitze.*« – »Wie sollte ich eintreten,
du warst nicht allein.« – »*Plötzlich sah ich Farben, die es
gegeben haben muß, bevor es den Blick gab.*« – »Schade,
daß du es mir nicht versprechen kannst.« – »*Du hast
recht, wahrscheinlich war es ein
Traum.*« – »Warum lügst du,
warum sprichst du mich mit ihrem Namen an,
liebst du sie noch?« – »*Oh, ja, ich wollte,
du bliebst bei mir.*« – »Ich bin dir nicht böse,
ich hätte es ahnen müssen.«
»*Denkst du immer an ihn?*« – »Aber ich weine doch nicht.«
»*Und das ist alles?*« – »Niemanden so wie dich.«
»*Du bist wenigstens ehrlich.*« – »Sei unbesorgt,
ich verlasse die Stadt.« – »*Sei unbesorgt,
ich geh von hier fort.*« – »Deine Hände sind schön.«
»*Eine alte Geschichte, die Schneide drang ein,
ohne den Knochen zu berühren.*« – »Keine Ursache,
mein Lieber, keine Ursache.« – »*Ich weiß nicht
und will es nicht wissen, wie spät es ist.*«

Wasser

Ein Tropfen Regen fiel auf meine Hand,
abgezapft dem Ganges, dem Nil,

dem zum Himmel gefahrenen Reif vom Schnurrbart des
    Seehunds,
dem Wasser aus den zerschlagenen Krügen der Städte Y
    und Tyros.

Auf meinem Zeigefinger
ist das Kaspische Meer eine offene See,

und der Pazifik mündet gemütlich in die Rudawa,
dieselbe, die über Paris als Wolke dahinflog

im Jahre siebenhundertvierundsechzig
am siebten Mai um drei Uhr morgens.

Es gibt nicht Münder genug, um deine flüchtigen
Namen auszusprechen, Wasser.

Ich müßte in allen Sprachen dich nennen,
die Selbstlaute alle auf einmal sagen

und schweigen zugleich – wegen des Sees,
der noch keinen Namen bekam,

den es nicht gibt auf Erden – wie auch im Himmel
den darin sich spiegelnden Stern.

Jemand ertrank, jemand rief sterbend nach dir.
Das war in der Vorzeit, und das war gestern.

Du hast Häuser gelöscht, Gebäude fortgerissen
wie Bäume, Wälder wie Städte.

Du warst in den Taufbecken und in den Badewannen der
    Kurtisanen.
In Küssen. In Leichentüchern.

An Steinen nagend, Regenbogen nährend.
Im Schweiß wie im Tau der Pyramiden, des Flieders.

Wie leicht ist das alles in einem Regentropfen,
wie sanft berührt mich die Welt.

Was immer wann immer wo immer geschah,
es steht geschrieben im Wasser Babel.

Kurzfassung

Hiob, an Leib und Gut erfahren, verwünscht das Jammertal. Große Poesie. Nun kommen die Freunde, zerreißen ihre Kleider und befinden über Hiobs Schuld vor dem Herrn. Hiob schreit, er sei gerecht gewesen. Hiob weiß nicht, wieso ihn der Herr ereilt hat. Hiob will nicht reden mit ihnen. Hiob will reden mit dem Herrn. Der Herr läßt sich herab in einem Wagen aus Wind. Vor Hiob, der bis auf die Knochen bloßliegt, rühmt Er Sein Werk: den Himmel, die Meere, die Erde, die Tiere. Behemoth vor allem, Leviathan besonders, die Bestien, die Ehrfurcht gebieten. Große Poesie. Hiob hört zu – der Herr spricht nicht zur Sache, weil der Herr nichts zur Sache zu sagen wünscht. Also demütigt sich Hiob eilig vor dem Herrn. Nun überstürzen sich die Ereignisse. Hiob gewinnt die Maultiere und die Kamele zurück, die Ochsen und Schafe bekommt er doppelt. Haut bewächst den bleckenden Totenschädel. Hiob läßt es gut sein. Hiob gibt bei. Er beschließt, am Meisterwerk nicht zu rütteln.

Im Fluß des Heraklit

Im Fluß des Heraklit
fischen Fische nach Fischen,
zerlegen Fische Fische mit scharfem Fisch,
bauen Fische Fische, wohnen Fische in Fischen,
fliehen Fische aus den belagerten Fischen.

Im Fluß des Heraklit
liebt ein Fisch einen Fisch,
deine Augen – sagt er – leuchten wie Fische am Himmel,
ich möchte mit dir im gemeinsamen Ozean münden,
du Allerschönste des Fischschwarms.

Im Fluß des Heraklit
erfand ein Fisch den Fisch über allen Fischen,
kniet ein Fisch vor dem Fisch, singt ein Fisch für den Fisch,
bittet ein Fisch um eine leichtere Schwimmzeit.

Im Fluß des Heraklit
bin ich ein Einzelfisch, bin ich ein Sonderfisch
(anders zumindest als der Baumfisch oder der Steinfisch)
in besonderen Augenblicken schreibe ich kleine Fische auf
in Silberschuppen, so kurz,
daß da womöglich die Dunkelheit verlegen blinzelt?

Gedicht zu Ehren

Er war einmal. Erfand die Null.
In einem ungewissen Land. Unter einem heute
vielleicht dunklen Stern. Zwischen Daten,
die wohl niemand beeiden wird. Ohne einen nicht einmal
umstrittenen Namen. Unterhalb seiner Null
hinterließ er keinen goldenen Gedanken
über das Leben, das ist wie. Auch keine Legende,
daß er unverhofft einer gepflückten Rose
die Null beigab und sie in einen Strauß band.
Daß, als er sterben sollte, er in die Wüste ritt
auf einem hunderthöckrigen Kamel. Daß er einschlief
im Schatten der Siegerpalme. Daß er erwachen wird,
wenn schon alles gezählt ist
bis zum letzten Sandkorn. Was für ein Mensch.
Durch den Spalt zwischen Tatsache und Erfindung hindurch
entging er unserer Aufmerksamkeit. Widerstandsfähig
gegen jedes Schicksal. Jede Gestalt,
die man ihm gibt, schüttelt er ab.
Die Stille schloß sich über ihm, seine Stimme hinterließ
keine Narbe.
Die Abwesenheit nahm das Aussehen des Horizontes an.
Die Null schreibt sich von selbst.

Notiz

In der ersten Vitrine
liegt ein Stein.
Wir sehen an ihm
einen leichten Riß.
Ein Werk des Zufalls,
wie manche sagen.

In der zweiten Vitrine
ein Stück vom Stirnbein.
Schwer zu bestimmen –
ob tierisch, ob menschlich.
Knochen ist Knochen.
Gehen wir weiter.
Hier gibt es nichts.

Geblieben ist nur
die alte Ähnlichkeit
des steingeschlagenen Funkens
und des Sterns.
Die seit Jahrhunderten klaffende
Ferne des Vergleichs
hat sich gut erhalten.

Sie
hat uns aus der Tiefe der Gattung gelockt,
aus dem Umkreis des Schlafs geführt,
vor die Vokabel Schlaf,
in der das, was lebt,
für immer geboren wird
und stirbt ohne Tod.

Sie
hat unseren Kopf in einen menschlichen verwandelt,
vom Funken zum Stern,
von einem zu vielen,
von jedem zu allen,
von Schläfe zu Schläfe,
und das, was keine Lider hat,
in uns geöffnet.

Aus dem Stein
floh der Himmel fort.
Der Stock verzweigte sich
in ein Dickicht der Enden.
Die Schlange trug den Stachel
aus dem Knäuel ihrer Gründe.
Die Zeit rollte sich zusammen
in den Ringen der Bäume.
Im Echo vervielfachte sich
das Heulen des Aufgeweckten.

In der ersten Vitrine
liegt ein Stein.
In der zweiten Vitrine
ein Stück vom Stirnbein.
Wir kamen den Tieren abhanden.
Wer wird uns abhanden kommen.
Durch welche Ähnlichkeit.
Durch den Vergleich womit.

Gespräch mit dem Stein

Ich klopfe an die Tür des Steins.
»Ich bin's, mach auf.
Laß mich ein,
ich will mich umschaun in dir,
dich einatmen wie die Luft.«

»Geh weg«, sagt der Stein.
»Ich bin dicht verschlossen.
Sogar in Teile zerschlagen,
bleiben wir dicht verschlossen.
Sogar zu Sand zerrieben,
lassen wir niemanden ein.«

Ich klopfe an die Tür des Steins.
»Ich bin's, mach auf.
Ich komme aus reiner Neugier.
Das Leben ist ihre einzige Chance.
Ich möchte deinen Palast durchschreiten
und dann noch das Blatt und den Wassertropfen besuchen.
Ich hab nicht viel Zeit für das alles.
Meine Sterblichkeit sollte dich erweichen.«

»Ich bin aus Stein«, sagt der Stein,
»und muß gezwungenermaßen ernst sein.
Geh weg.
Lachmuskeln habe ich keine.«

Ich klopfe an die Tür des Steins.
»Ich bin's, mach auf.
Man sagt, es gibt große leere Säle in dir,
unbetrachtet, vergeblich schön,
taub, ohne ein Echo von irgendwessen Schritten.
Gib zu, daß du selbst nicht viel davon weißt.«

»Große und leere Säle«, sagt der Stein,
»aber ohne Raum.
Schön, möglich, aber jenseits des Geschmacks
deiner ärmlichen Sinne.
Du kannst mich kennenlernen, du wirst mich aber
    niemals erkennen.
Meine ganze Oberfläche wende ich dir zu,
meine Innenseite wende ich von dir ab.«

Ich klopfe an die Tür des Steins.
»Ich bin's, mach auf.
Ich suche keine Zuflucht für ewig.
Ich bin nicht unglücklich.
Ich bin nicht obdachlos.
Meine Welt ist eine Rückkehr wert.
Ich komme herein und gehe mit leeren Händen wieder
    hinaus.
Und zum Beweis, daß ich wirklich da war,
zeig ich nichts vor außer Worten,
denen niemand Glauben schenken wird.«

»Du kommst nicht rein«, sagt der Stein.
»Dir fehlt der Sinn der Anteilnahme.
Kein Sinn ersetzt dir den Sinn der Anteilnahme.
Selbst der bis zur Allsicht geschärfte Blick
nützt dir gar nichts ohne den Sinn der Anteilnahme.

Du kommst nicht rein, hast kaum eine Ahnung von
    diesem Sinn,
kaum seinen Ansatz, eine Idee davon.«

Ich klopfe an die Tür des Steins.
»Ich bin's, mach auf.
Ich kann nicht zweitausend Jahrhunderte warten,
bis ich eintrete unter dein Dach.«

»Wenn du mir nicht glaubst«, sagt der Stein,
»frag das Blatt, es wird dir dasselbe sagen.
Frag den Wassertropfen, er sagt dasselbe wie das Blatt.
Frag schließlich das Haar auf deinem Kopf.
Ich platze vor Lachen, vor großem Lachen, vor Lachen,
das ich nicht lachen kann.«

Ich klopfe an die Tür des Steins.
»Ich bin's, mach auf.«

»Ich hab keine Tür«, sagt der Stein.

Hundert Freuden

Sto pociech
1967

Freude am Schreiben

Wohin läuft die geschriebene Ricke durch den
    geschriebenen Wald?
Etwa um von dem geschriebenen Wasser zu trinken,
das ihr Näschen widerspiegelt wie Blaupapier?
Warum hebt sie den Kopf, ob sie was wittert?
Gestützt auf die vier der Wahrheit entliehenen Läufe,
spitzt sie die Lauscher unter meinen Fingern.
Stille – auch diese Vokabel raschelt übers Papier und streift
die vom Wörtchen »Wald« verursachten Zweige.

Über dem weißen Blatt lauern sprungbereit
die Buchstaben, die sich womöglich schlecht fügen werden,
belagernde Sätze,
vor denen es keine Rettung mehr gibt.

Der Tropfen Tinte hat einen ziemlichen Vorrat
an Jägern mit Späheraugen,
bereit, die steile Feder hinabzustürzen,
in Anschlag zu gehen, das Reh zu stellen.

Sie vergessen, hier gibt's kein Leben.
Hier herrschen andre Gesetze, schwarz auf weiß.
Hier dauert jeder Moment so lange, wie ich es will,
er läßt sich zerlegen in kleine Ewigkeiten
voller Geschosse, die man im Fluge anhält.
Wenn ich befehle, passiert hier nichts auf Dauer.
Kein Blatt fällt ohne meinen Willen,
kein Grashalm bricht unter dem Punkt des Hufs.

So gibt es also eine Welt,
deren unabhängiges Schicksal ich bestimme?
Eine Zeit, die ich mit Ketten von Zeichen binde?
Ein Sein, beständig durch meine Verfügung?

Freude am Schreiben.
Möglichkeit des Erhaltens.
Rache der sterblichen Hand.

Das Gedächtnis hat endlich

Das Gedächtnis hat endlich das, was es suchte.
Die Mutter fand sich mir ein, der Vater ist mir erschienen.
Ich habe für sie den Tisch erträumt, zwei Stühle. Sie
    setzten sich hin.
Sie waren mir wieder nah und lebendig.
Mit den zwei Lampen ihres Gesichts um die graue Stunde
leuchteten sie wie für Rembrandt.

Jetzt erst kann ich erzählen,
in wie vielen Träumen sie sich herumtrieben, in wie
    vielen Straßenaufläufen
ich sie hervorzog unter den Rädern,
in wie vielen Agonien sie durch wie viele Hände mir liefen.
Abgeschnitten – wuchsen sie nach, gekrümmt.
Der Widersinn zwang sie zur Maskerade.
Was hilft's, daß sie jenseits von mir keinen Schmerz
    empfanden,
wenn sie ihn in mir empfanden.
Der geträumte Pöbel hörte, wie ich gerufen habe, Mutter,
zu etwas, was piepsend auf dem Zweig umhersprang.
Gelächter gab's auch, daß ich einen Vater mit
    Haarschleife habe.
Ich erwachte in Scham.

Na und endlich.
Eines gewöhnlichen Nachts,
von einem gemeinen Freitag auf Samstag,
kamen sie plötzlich zu mir, so wie ich sie wollte.
Sie träumten mir, aber von Träumen scheinbar befreit,

folgsam nur sich und niemandem sonst.
In der Tiefe des Bildes waren alle Möglichkeiten erloschen,
den Zufällen fehlte die nötige Form.
Nur sie haben schön, weil ähnlich gestrahlt.
Ich träumte sie lange, lange und glücklich.
Ich wurde wach. Machte die Augen auf.
Berührte die Welt wie einen geschnitzten Rahmen.

Landschaft

In der Landschaft des alten Meisters
haben die Bäume unter der Ölfarbe Wurzeln,
führt der Pfad sicher ans Ziel,
ersetzt der Halm die Signatur mit Würde,
ihr fünf Uhr Nachmittag ist zuverlässig,
der Mai behutsam, aber entschlossen angehalten,
so bleibe auch ich stehn – ja doch, mein Lieber,
die Frau dort unter der Esche, das bin ich.

Schau hin, wie weit ich mich von dir entfernt hab,
wie weiß mein Häubchen ist, wie gelb mein Rock,
wie fest ich das Körbchen halte, um nicht aus dem Bild
    zu fallen,
wie ich paradiere in dem mir fremden Schicksal
und mich erhole von den lebendigen Mysterien.

Auch wenn du riefest, ich hörte es nicht,
und hörte ich es, ich drehte mich nicht um,
und täte ich selbst diese unmögliche Bewegung,
dein Gesicht erschiene mir fremd.

Ich kenne die Welt im Umkreis von sechs Meilen.
Ich kenne die Kräuter und Zaubersprüche gegen alle
    Schmerzen.
Noch blickt auf meines Kopfes Scheitel Gott herunter.
Noch bete ich um einen nicht plötzlichen Tod.
Der Krieg ist Strafe, der Friede Belohnung.
Beschämende Träume kommen vom Satan.
Ich habe eine offensichtliche Seele wie die Pflaume den Kern.

Ich kenne kein Herzspiel.
Ich kenne die Nacktheit vom Vater meiner Kinder nicht.
Ich hege keinen Verdacht, das Lied der Lieder
sei im Entwurf verwirrend korrigiert.
Das, was ich sagen möchte, gibt es in fertigen Sätzen.
Die Verzweiflung benutze ich nicht, sie ist nicht meine
    Sache,
sondern mir lediglich anvertraut zur Verwahrung.

Und kreuztest du meinen Weg,
blicktest du mir in die Augen,
ginge ich an dir vorbei direkt am Rande des Abgrunds,
    der dünner ist als ein Haar.

Rechts ist mein Haus, das ich rundum kenne,
zusammen mit seinem Treppchen und seinem Eingang
    zur Mitte,
wo sich die ungemalten Geschichten ereignen:
Der Kater springt auf die Bank,
die Sonne fällt auf den Zinnkrug,
am Tisch sitzt ein knochiger Mann
und repariert die Uhr.

Album

Niemand in der Familie starb aus Liebe.
Was war, das war, zum Mythos reichte es nie.
Romeos der Schwindsucht? Julien der Diphtherie?
Manche lebten recht lange als grame Greise.
Kein Opfer einer nicht abgesandten
Antwort auf einen betränten Brief!
Am Ende gab's immer noch irgendwelche Bekannte
mit Blumen und Binokel für das Objektiv.
Kein Tod durch Ersticken im antiken Schrank,
kam der Mann der Geliebten überraschend wieder!
Niemanden hemmten Mantillen, Falten, Mieder,
ins Bild zu kommen, gottseidank.
Und niemand trug in der Seele den höllischen Bosch!
Und keiner war mit der Pistole im Garten verschwunden!
(Wenn schon eine Kugel im Kopf, dann aus andrem Grund,
auf einer Feldtrage, auf der so mancher erlosch.)
Sogar die mit dem ekstatischen Dutt
und den unterschatteten Augen wie nach einem Pläsier
nicht aus Sehnsucht, Tänzer, nicht nach dir.
Vielleicht jemand von früher, vor den Daguerreotypen,
doch, soviel ich weiß, nicht die durchs Album mäandern.
Die Traurigkeiten waren zum Lachen, ein Tag verflog
        nach dem andern,
und sie, die Getrösteten, gingen ein an Grippe.

Bahnhof

Meine Nichtankunft in der Stadt N.
erfolgte pünktlich.

Du bist benachrichtigt worden
mit dem nichtabgesandten Brief.

Du schafftest es, zur vorgesehenen Zeit
nicht zu kommen.

Der Zug fuhr ein auf Bahnsteig drei.
Viele Reisende stiegen aus.

In der Menge entfernte sich zum Ausgang
das Fehlen meiner Person.

Einige Frauen vertraten mich
eilig
in dieser Eile.

Zu einer lief
jemand, der mir fremd war,
doch sie erkannte ihn
sofort.

Sie tauschten beide
nicht unseren Kuß,
dabei ging nicht mein
Koffer verloren.

Der Bahnhof der Stadt N.
bestand das Examen
in objektivem Dasein mit Gut.

Das Ganze war an seinem Ort.
Die Details rollten
auf vorgezeichneten Gleisen.

Sogar das Treffen
fand wie verabredet statt.

Jenseits der Reichweite
unsres Dabeiseins.

Im verlorenen Paradies
des wahren Scheins.

Woanders.
Woanders.
Wie dieses Wörtchen klingt.

Lebendig

Wir umarmen nur noch.
Umarmen einen Lebendigen.
Nur noch mit einem Satz des Herzens
ergreifen wir ihn.

Zur Entrüstung der Spinne,
unserer Verwandten mütterlicherseits,
wird er nicht gefressen.

Wir erlauben seinem Kopf,
dem seit Jahren begnadigten,
auf unserer Schulter zu ruhn.

Aus tausend sehr verworrenen Gründen
sind wir gewohnt
zu horchen, wie er atmet.

Hinausgepfiffen aus dem Mysterium.
Entwaffnet vom Verbrechen.
Enterbt des weiblichen Grauens.

Nur manchmal blitzen, kratzen, verglühn
unsre Fingernägel.
Ob sie wissen,
ob sie wenigstens ahnen,
wessen Reichtums Tafelsilber sie sind?

Er vergaß es schon,
vor uns zu fliehen.
Kennt die vieläugige Angst
im Nacken nicht.

Er sieht aus,
als hätte er's kaum geschafft,
geboren zu werden.
Ganz aus uns. Ganz unser.

Wir umarmen nur noch.
Mit einem flehenden Schatten der Wimper
auf der Wange.
Mit einem wehmütigen Bächlein Schweiß
zwischen den Schulterblättern.

So ist er uns jetzt,
und so schläft er ein.
Zuversichtlich.
Im Griff des verjährten Todes.

Geboren

Das also ist seine Mutter.
Diese kleine Frau.
Grauäugige Urheberin.

Das Boot, in dem vor Jahren
er am Ufer ankam.
Aus ihr trat er hervor
in die Welt,
in die Unewigkeit.

Gebärerin dieses Mannes,
mit dem ich durchs Feuer gehe.

Sie also ist diese Einzige,
die ihn sich nicht erwählt hat,
fertig, vollkommen.

Sie fing ihn selbst ein
in die Haut, die ich kenne,
band ihn an Knochen,
die sich vor mir verstecken.

Sie suchte ihm selbst
die grauen Augen aus,
mit denen er mich ansah.

Sie also ist sein Alpha.
Wieso zeigte er sie mir.

Geboren.
Also ist auch er geboren.
Geboren wie alle.
Wie ich, die ich sterben werde.

Sohn einer wahren Frau.
Ankömmling aus der Tiefe des Leibes.
Wanderer nach Omega.

Ausgesetzt der Gefahr,
nicht dazusein
von überallher,
in jeder Minute.

Und sein Kopf ist ein Kopf
gegen die Wand,
der Zeit gefügig.

Und seine Bewegungen
weichen ab
vom üblichen Urteil.

Ich hab's begriffen:
daß er den halben Weg bereits gegangen ist.

Doch das hat er mir nicht gesagt,
nein.

Er sagte mir nur:
Das ist meine Mutter.

Volkszählung

Sieben Städte hat man ausgegraben
auf dem Hügel von Troja.
Sieben. Sechs zuviel
für ein Epos.
Wohin mit dem Rest, was tun?
Die Hexameter bersten,
der afabulöse Baustein gerät aus den Fugen,
die Mauern stürzen ein in der Stille des Stummfilms;
verkohlte Balken, zerrissene Glieder,
Krüge, leergetrunken bis zum Verlust des Bodens,
Fruchtbarkeitsamulette, Keime von Gärten
und Totenschädel, berührbar wie der morgige Mond.

Unsere Frühzeit nimmt zu,
allmählich wird's darin eng,
ungesetzliche Mieter machen sich in der Historie breit,
Fleischformationen für Schwerter,
Kehrseiten Hektors, des Adlers, die es ihm gleichtun an
    Mut,
tausend und abertausend Einzelgesichter,
und jedes ein erstes und letztes in dieser Zeit,
und jedes mit zwei sehr seltsamen Augen.
Es war so leicht, nichts davon zu wissen,
so rührselig, so geräumig.

Was tun mit den Städten, was ihnen geben?
Ein bislang schwach bevölkertes Jahrhundert?
Ein wenig Anerkennung für ihre Goldschmiedekunst?
Für das letzte Gericht ist es doch zu spät.

Wir, drei Milliarden Richter,
haben unsre Geschäfte,
eignes unartikuliertes Gewimmel,
Bahnhöfe, Sporttribünen, Paraden,
zählbares Ausland von Straßen, Etagen, Wänden.
Wir gehn aneinander vorbei in den Warenhäusern
beim Einkauf des neuen Kruges.
Homer macht Dienst im Statistischen Amt.
Was er zu Hause treibt, das weiß niemand.

Monolog für Kassandra

Ich bin's, Kassandra.
Und das ist meine Stadt unter der Asche.
Und das hier ist mein Stock, das meine Orakelbinde.
Und das hier ist mein Schädel voller Zweifel.

Es stimmt, ich triumphiere.
Mein Spruch schlug als Feuerschein zum Himmel.
Nur Propheten, denen man nicht glaubt,
sehen solche Bilder,
nur die, die falsch ans Werk gegangen,
und alles hätte sich so schnell erfüllen können,
als wären sie nicht dagewesen.

Ich erinnere mich genau,
wie Menschen mitten im Wort bei meinem Anblick
    verstummten.
Gelächter brach aus.
Hände ließen einander los.
Kinder liefen zu ihren Müttern.
Ich wußte nicht einmal ihre unbeständigen Namen.
Und dieses Lied vom grünen Baumblatt –
in meiner Gegenwart beendete es niemand.

Ich liebte sie.
Aber ich liebte sie von oben.
Von oberhalb des Lebens.
Aus der Zukunft. Wo es immer leer ist
und wo nichts leichter ist, als in den Tod zu sehen.
Ich bedaure, daß meine Stimme hart war.

Seht von den Sternen auf euch, rief ich,
von den Sternen herab.
Sie hörten es, und sie senkten den Blick.

Sie lebten im Leben.
In ihnen der große Wind.
In Vorurteilen.
In Abschiedskörpern von Geburt an.
Doch eine feuchte Hoffnung war in ihnen,
ein Flämmchen, das vom eigenen Flackern zehrte.
Sie wußten, was ein Augenblick bedeutet,
ach, wär's nur ein einziger, irgendeiner
bevor –

Es kam, wie ich sagte.
Nur daß daraus nichts folgt.
Und das hier ist mein Kleid, versengt vom Feuer.
Und das ist mein Prophetentand.
Und das mein entstelltes Gesicht.
Das nie gewußt hat, daß es schön sein könnte.

Byzantinisches Mosaik

»Gemahlin Theotropia.«
»Gemahl Theodendronos.«

»Wie schön du bist, mein Schmalgesichtchen.«
»Wie stattlich du bist, mein Blaumund.«

»Anmutig unscheinbar bist du
unter dem Glockengewand,
– das ganze Kaiserreich bebt,
wenn du es ablegst.«

»Erlesen kasteit bist du,
mein Herr und Gatte,
Wechselschatten meines Schattens.«

»Habe mein Gefallen
an den Handtellern meiner Herrin,
auch an den trockenen kleinen Palmen,
eingeflochten im Umhang.«

»Sieh da, zum Himmel wollt ich sie heben,
und um Erbarmen bitten für unser Söhnlein;
daß es nicht ist wie wir, Theodendronos.«

»Bei allen Geistern, Theotropia:
Wie sollt er denn sein,
mit Anstand gezeugt
in unserer Würde?«

»Ich bekenne, und du höre.
Hab ein Sünderchen geboren.
Wie ein Ferkelchen nackt,
auch fett, auch regsam,
ganz in Fältchen Gelenkchen
kullerte es uns zu.«

»Bei allen Geistern.
Pausbäckig – etwa?«
»Pausbäckig.«

»Gefräßig – etwa?«
»Gefräßig.«

»Milch und Blut – etwa?«
»Du sagtest es.«

»Was meint dazu der Archimandrit,
der Mann der scharfsichtigen Gnosis?«
Was die Eremitinnen,
die heiligen Knochenfrauen?
Wie soll man das Teuflische vor ihnen
aus der Seide wickeln?«

»Gleichwohl steht in Gottes Macht
das Wunder der Metamorphose.
Also die Häßlichkeit
dieses Kindleins betrachtend,
berufst du es nicht,
und weckst du zu früh nicht den Teufel?«

»Zwillinge sind wir im Entsetzen.
Geh du voran, Theotropia.«

Hinrichtung

Dekolleté kommt von decollo,
decollo bedeutet den Hals abschneiden.
Die Schottische Königin Maria Stuart
betrat das Schafott im kleidsamen Hemd,
das Hemd war dekolletiert
und rot wie ein Blutsturz.

Zur gleichen Zeit
in der entlegenen Kemenate
stand Elisabeth Tudor die Königin von England
am Fenster in weißem Kleid.
Das Kleid war siegreich bis unters Kinn geknöpft
und bekränzt von einer gestärkten Krause.

Sie dachten im Chor:
»Gott erbarme dich meiner«
»Das Recht ist auf meiner Seite«
»Leben, das heißt im Weg stehn«
»Unter gewissen Umständen ist die Eule Tochter des Bäckers«
»Das wird nie enden«
»Das ging bereits zu Ende«
»Was tue ich hier, wo es nichts gibt«.

Unterschiedliche Garderobe – ja, dessen seien wir sicher.
Das Detail
bleibt ungerührt.

Pietà

Im Städtchen, in dem der Held geboren wurde,
das Denkmal besichtigen, seine Größe loben,
zwei Hühner vertreiben von der Schwelle des leeren
    Museums,
erfahren, wo seine Mutter wohnt,
klopfen, die knarrende Tür aufstoßen.
Sie hält sich grade, sie kämmt sich glatt, blickt hell.
Sagen, daß man aus Polen gekommen ist.
Grüßen. Fragen, laut und deutlich.
Ja, sie hat ihn geliebt. Sehr. Ja, so ist er immer gewesen.
Ja, sie hat damals vor der Gefängnismauer gestanden.
Ja, sie hat die Salve gehört.
Bedauern, daß man kein Tonband mitgenommen habe
und keine Kamera. Ja, sie kennt die Geräte.
Im Rundfunk hat sie seinen letzten Brief gelesen.
Im Fernsehen die alten Wiegenlieder gesungen.
Einmal trat sie sogar im Film auf, sie hat tränend
in Jupiterlampen gestarrt. Ja, die Erinnerung rührt sie.
Ja, sie ist etwas müde. Ja, das vergeht.
Aufstehn. Danken. Abschied nehmen. Hinausgehn,
vorbei an den nächsten Touristen im Flur.

Vietnam

Wie heißt du, Frau? Ich weiß nicht.
Wo bist du geboren, wo kommst du her? Ich weiß nicht.
Wozu gräbst du dich ein? Ich weiß nicht.
Seit wann versteckst du dich hier? Ich weiß nicht.
Warum hast du mich in den Zeigefinger gebissen?
       Ich weiß nicht.
Wir tun dir nichts Böses, weißt du? Ich weiß nicht.
Auf wessen Seite bist du? Ich weiß nicht.
Wir haben jetzt Krieg, du mußt wählen. Ich weiß nicht.
Steht dein Dorf noch? Ich weiß nicht.
Sind das deine Kinder? Ja.

Im Hotel geschrieben

Kioto hat Glück,
Glück und Paläste,
Schwingendächer,
Tonleitertreppen.
Hochbetagt aber kokett,
steinern aber lebendig,
hölzern
aber so, als wär's hineingewachsen in die Erde.
Die Stadt Kioto ist
zum Weinen schön.

Den wirklichen Tränen
eines gewissen Herrn,
eines Kenners der Altertümer, eines Liebhabers,
der im entscheidenden Augenblick
am grünen Tisch
ausrief,
es gebe doch so viele schlimmere Städte –
und anfing zu weinen
plötzlich
auf seinem Stuhl.

So wurde Kioto gerettet,
weil es tatsächlich schöner war als Hiroshima.

Aber das ist eine alte Geschichte.
Ich kann nicht ewig nur daran denken
oder unentwegt danach fragen,
was kommt, was kommt.

Im Alltag glaube ich an die Dauerhaftigkeit,
an die Perspektiven der Geschichte.
Ich kann nicht Äpfel essen,
wenns mir ständige graut.

Ich höre, daß Prometheus, dieser und der da,
einen Feuerwehrhelm trägt
und sich seiner Enkel erfreut.

Während ich meine Gedichte schreibe,
überlege ich,
was in ihnen
nach wie vielen Jahren lächerlich erscheinen wird.

Nur manchmal packt mich Angst.
Auf Reisen.
In einer fremden Stadt.

Wo die Backsteinmauer eine Mauer,
der Turm alt, weil alt
die Hülse des Putzes vom geschluderten Gesims bröckelt,
die neuen Stadtteile wie Schachteln sind,
nichts,
ratloses Bäumchen.

Was täte hier
dieser sensible Mann,
Liebhaber, Kenner.

Erbarme dich, Gott aus Gips.
Seufze, Klassiker
mit dem Brustbild vom Fließband.

Nur manchmal noch:
in einer Stadt wie viele.
Im Hotelzimmer
mit Blick auf eine Rinne
und mit dem Säuglingsschrei
der Katze unter den Sternen.

In der Stadt mit vielen Menschen,
mehr als auf den Krügen,
Tassen, Untertassen, Paravents.

In der Stadt, von der ich
nur das eine weiß,
daß es nicht Kioto ist,
Kioto ganz bestimmt nicht.

Film – Sechziger Jahre

Ein erwachsener Mann. Ein Mensch auf Erden.
Zehn Milliarden Nervenzellen.
Fünf Liter Blut für dreihundert Gramm Herz.
In drei Milliarden Jahren war jenes Gebilde entstanden.

Am Anfang erschien er in Gestalt eines Knaben.
Der Knabe legte sein Köpfchen auf die Knie der Tante.
Wo ist dieser Knabe geblieben? Wo sind die Knie?
Der Knabe wurde groß. Ach, das ist nicht mehr dasselbe.
Grausam sind diese Spiegel und glatt wie die Fahrbahn.
Gestern überfuhr er die Katze. Ja, das war die Idee.
Die Katze wurde erlöst von der Hölle dieser Epoche.
Das Mädchen im Auto blickte durch die Wimpern.
Nein, diese Knie, um die es ihm ging, hatte sie nicht.
Eigentlich wollte er liegen im Sand und atmen.
Er und die Welt haben nichts mehr gemeinsam.
Er fühlt sich wie ein abgebrochener Henkel vom Krug,
obwohl der Krug es nicht weiß und immer noch Wasser
trägt. Erstaunlich. Noch arbeitet jemand.
Dieses Haus ist erbaut. Diese Klinke geschnitzt.
Dieser Baum ist gepfropft. Dieser Zirkus wird spielen.
Diese Ganzheit will sich behaupten, obwohl sie aus
    Stücken besteht.
Schwer wie Klebstoff und zäh sunt lacrimae rerum.
Aber das alles im Hintergrund nur nebenbei.
Drinnen ist schreckliches Dunkel und in dem Dunkel der
    Knabe.

Gott des Humors, fang mit ihm unbedingt etwas an.
Gott des Humors, tu mit ihm endlich etwas.

Bericht über einen Krankenbesuch

Wir zogen Streichhölzer, wer zu ihm gehen sollte.
Es fiel auf mich. Ich erhob mich vom Stammtisch.
Die Besuchszeit im Krankenhaus nahte.

Auf den Gruß antwortete er nichts.
Ich wollte seine Hand fassen – er zog sie zurück
wie ein hungriger Hund, der seinen Knochen nicht hergibt.

Er sah aus, als schämte er sich zu sterben.
Ich weiß nicht, was man einem wie ihm sagt.
Unsere Blicke mieden sich wie auf einem montierten Foto.

Er bat mich weder zu bleiben noch zu gehn.
Er fragte nach keinem von unserem Stammtisch.
Auch nicht nach dir, Bolek. Nicht nach dir, Tolek. Nicht
    nach dir, Lolek.

Langsam bekam ich Kopfweh. Wer stirbt hier wem?
Ich lobte die Medizin und die drei Veilchen im Glas.
Sprach von der Sonne und brannte selbst nieder.

Wie gut, daß es Treppen gibt, die man hinunterläuft.
Wie gut, daß es Tore gibt, die sich öffnen.
Wie gut, daß ihr auf mich wartet am Stammtisch.

Der Krankenhausgeruch macht mich benommen.

Anflug

In diesem Frühjahr kamen die Vögel wieder zu früh zurück.
Freu dich, Vernunft; auch der Instinkt also irrt.
Er übersieht was, vergafft sich, und schon stürzen sie in
    den Schnee
und kommen erbärmlich um, verkommen, ungeachtet
der Konstruktion ihrer Kehlen, ihrer winzigen Urkrallen,
ihrer redlichen Knorpel, der zuverlässigen Schleimhaut,
der Zuflüsse zu ihrem Herzen, des Labyrinths der Därme,
der Schiffe von Rippen und Wirbel in lichten
    Zimmerfluchten
ihres Gefieders, das würdig wär eines Pavillons im
    Museum der Allzunft,
und des Schnabels von der Geduld eines Mönchs.

Ich will nicht klagen, ich empöre mich,
daß ein Engel aus wahrem Eiweiß,
ein Springinsfeld mit Drüsen vom Lied der Lieder,
einzeln in Lüften, ungezählt in der Hand,
Zelle für Zelle vereint zur Gemeinsamkeit
in Raum und Zeit, wie ein klassisches Stück
im Applaus der Flügel –
stürzt und sich neben den Stein legt,
welcher auf seine archaische und einfältige Weise
aufs Leben hinabblickt wie auf verworfene Experimente.

Thomas Mann

Teure Sirenen, so hat es sein müssen,
geliebte Faune, großmächtige Engel,
die Evolution hat euch entschieden verleugnet.
An Einfällen fehlt es ihr nicht, doch ihr und eure
Flossen aus Tiefen des Devons und Brustkörbe aus dem
    Alluvium,
eure fingrigen Hände und kleinhufigen Füße,
Arme nicht statt, sondern zu den Flügeln,
diese, wie furchtbar, eure Zwiegeschöpf-Skelette,
anachronistisch geschwänzt, aus Trotz gehörnt,
vogelartig umsonst, ja dieses Geklebe, Geknorpel,
dieses Puzzle-Gutsle, diese Distichonaden,
die kunstvoll den Menschen mit Reihern reimen,
so daß er fliegt und unsterblich ist und allwissend –
gebt es doch zu, das wäre ein Scherz,
ein ewiger Überschwang und ein Ärger,
den die Natur nicht haben will und nicht hat.

Gut, daß sie wenigstens einem Fisch zu fliegen erlaubt
mit frecher Flinkheit. Jeder von diesen Flügen
ist ein Trost in der Regel, eine Begnadigung
vom allgemeinen Zwang, eine reichere Gabe,
mehr als erforderlich, damit die Welt die Welt sei.

Gut, daß sie wenigstens solche Luxusszenen zuläßt
wie etwa das Schnabeltier, das mit Milch seine Küken
    füttert.
Sie könnte Einspruch erheben – und wer von uns würde
    merken,
daß er beraubt ist?

Aber das Beste scheint,
daß sie den Zeitpunkt verpaßt hat, da das Säugetier aufkam
mit der herrlich mit einer Waterman befiederten Hand.

Tarsius

Ich, Tarsius, Sohn des Tarsius,
Enkel und Urenkel des Tarsius,
ein kleines Tier, das, aus zwei Pupillen
und dem unabdingbaren Rest gebildet,
wie durch ein Wunder vor weiterer Verwertung
    verschont wurde,
denn Leckerbissen bin ich keiner,
für Pelzkrägen gibt es größere,
meine Drüsen bringen kein Glück,
Konzerte finden ohne meinen Darm statt;
ich, Tarsius,
sitze auf einem Menschenfinger und lebe.

Grüß dich, du großer Herr,
was gibst du mir dafür,
daß du mir gar nichts zu nehmen gezwungen bist?
Womit lohnst du mir deine Hochherzigkeit?
Welchen Preis bin ich dir, Unschätzbarer, wert
dafür, daß ich zu deinem Lächeln posiere?

Großer, guter Herr –
großer, gnädiger Herr –
wer könnte denn das bezeugen, wenn es nicht
Tiere gäbe, die keines Todes wert sind?
Vielleicht ihr selbst?
Was ihr von euch schon wißt,
das reicht für eine schlaflose Nacht von Stern zu Stern.

Nur wir, wir wenigen, die nicht vom Fell Gezogenen,
nicht von den Knochen Geschälten, nicht von den
                    Federn Gerupften,
verschont in den Stacheln, Hülsen, Eckzähnen, Hörnern,
und was wer wie noch
vom findigen Eiweiß besitzt,
sind, großer Herr, dein Traum,
der dich freispricht für eine Weile.

Ich, Tarsius, Vater und Großvater des Tarsius,
ein kleines Tier, beinahe ein halbes Etwas,
das dennoch ein Ganzes ist, nicht schlechter als die andren;
so leicht, daß die Zweige sich unter mir heben
und längst mich zum Himmel getragen hätten,
wenn ich nicht hin und wieder
fallen müßte als Stein von den,
ach, gerührten Herzen;
ich, Tarsius,
weiß, wie sehr man Tarsius sein muß.

An mein Herz am Sonntag

Ich danke dir, mein Herz,
daß du nicht säumst, daß du dich regst
ohne Entgelt und ohne Lob,
aus angeborenem Fleiß.

Siebzig Verdienste hast du in der Minute.
Jede deiner Muskelbewegungen
ist wie das Auslaufen des Bootes
aufs offene Meer
zur Fahrt um die Welt.

Ich danke dir, mein Herz,
daß du mich ab und zu
herausnimmst aus der Ganzheit,
einzeln selbst im Traum.

Du sorgst dafür, daß ich mich träumend
nicht ganz und gar verliere
in einem Flug,
der keine Flügel braucht.

Ich danke dir, mein Herz,
daß ich wieder erwacht bin –
und obwohl es Sonntag ist,
ein Tag der Ruhe,
hält der rege Betrieb unter den Rippen an
wie sonst an den Wochentagen.

Der Akrobat

Von einem Trapez zum
zum andern, in der Stille nach
nach einem plötzlich verstummten Wirbel, durch
durch die bestürzte Luft, schneller als
als die Last des Körpers, dem wieder
wieder der Sturz mißlang.

Allein. Oder weniger noch als allein,
weniger, da zerbrechlich, ihm fehlen
fehlen die Flügel, sie fehlen ihm ungemein,
ein Mangel, welcher ihn zwingt
zu schamhaften Höhenflügen auf ungefiederter,
nackter Spannung.

Mühsam leicht,
geduldig flink,
mit kalkulierter Phantasie. Siehst du,
wie er sich duckt zum Flug, weißt du,
wie er sich auflehnt von Kopf bis Fuß
gegen den, der er ist; weißt du, siehst du,
wie listig er seine frühere Form verzögert und,
um die wippende Welt in der Faust zu fassen,
die aus sich selbst neu geborenen Arme ausstreckt –

schöner als alles in diesem einen
diesem einen Moment, der übrigens schon vorbei ist.

Fruchtbarkeitsfetisch aus dem Paläolithikum

Die Große Mutter hat kein Gesicht.
Wozu auch.
Ein Gesicht kann dem Körper nicht treu gehören,
ein Gesicht ist ungöttlich, dem Körper lästig,
es stört seine feierliche Einheit.
Das Antlitz der Großen Mutter ist ihr gewölbter Bauch
mit dem blinden Nabel in der Mitte.

Die Große Mutter hat keine Füße.
Wozu auch.
Wohin sollte sie denn wandern?
Wozu die Einzelheiten der Welt betreten?
Sie kam schon an, wo sie ankommen wollte,
nun harrt sie aus in den Werkstätten unter der straffen Haut.

Es gibt eine Welt? Nun gut.
Die üppig ist? Um so besser.
Die Kinderchen haben wohin auseinanderzuschwärmen,
den Kopf zu erheben zu irgend etwas? Schön.
Es gibt so viel Welt, daß sie selbst zur Schlafenszeit da ist,
die übertrieben ganze und wirkliche Welt?
Und immer, sogar hinterm Rücken vorhanden?
Das ist ihrerseits viel, sehr viel.
Die Große Mutter hat kaum zwei Händchen,
zwei dünne, träge und auf den Brüsten gekreuzte
        Händchen.
Wozu sollten sie auch das Leben segnen,
Beschenkte beschenken!

Ihre einzige Pflicht
ist, zuzeiten von Erde und Himmel
auszuharren auf jeden Fall,
der sich niemals ereignet.
Im Zickzack den Inhalt beschweren.
Das Ornament verspotten.

Bewegung

Du hier weinst, und die dort tanzen;
Tanzen dort in deiner Träne.
Feiern dort, sind ausgelassen.
Wissen nichts und nichts dort drüben.
Fast wie Flimmer, wie aus Spiegeln.
Fast wie Flackern, wie von Kerzen.
Wandelgänge fast und Treppen.
Gesten fast und fast Manschetten.
Leichtfuß Wasserstoff mit Sauer-,
Taugenichtse Chlor und Soda,
Fatzke Stickstoff tanzen Reigen:
Wie sie fallen, sich erheben,
Unter dieser Kuppel kreisen.
Du hier weinst, spielst ihnen auf.
Eine kleine Nachtmusik.
Wer, wer bist du, schöne Maske.

Hundert Freuden

Er hatte es gewollt, das Glück,
es verlangte ihn nach Wahrheit,
es gelüstete ihn nach Ewigkeit,
schaut ihn euch an!

Kaum unterschied er Traum und Wirklichkeit,
kaum kam er dahinter, er sei es doch,
kaum hatte er mit der Hand, der Herkunft nach Flosse,
das Brandholz und die Rakete geschnitzt,
er, in einem Löffel Ozean leicht zu ertränken,
nicht einmal so komisch, um die Leere lachen zu machen,
der nur mit den Augen sieht,
der nur mit den Ohren hört;
seiner Rede Rekord ist der Konditionalis,
er tadelt mit dem Verstand den Verstand,
mit einem Wort: fast niemand,
aber er hatte Freiheit im Kopf, das Allwissen und das Sein,
jenseits des törichten Fleisches,
schaut ihn euch an!

Es gibt ihn doch wohl,
er hat sich wirklich ereignet
unter einem der provinziellen Sterne.
Auf seine Art vital und ziemlich rührig.
Für eine mickrige Mißgeburt von Kristall –
recht ernst erstaunt.
Für eine schwierige Kindheit in den Zwängen der Herde –
gar nicht so übel einzeln.
Schaut ihn euch an!

Nur weiter so, und sei es für einen Moment,
ein kurzes Aufblitzen einer kleinen Galaxie!
Es zeige sich endlich im großen und ganzen,
was er sein wird, da es ihn schon gibt.
Und er ist – verbissen.
Verbissen, zugegeben, sehr.
Mit diesem Ring in der Nase, in dieser Toga, in diesem
      Pullover.
Hundert Freuden, immerhin.
Armes Ding.
Leibhaftiger Mensch.

Alle Fälle

Wszelki wypadek
1972

Alle Fälle

Es hätte geschehen können.
Es hat geschehen müssen.
Es war schon früher geschehen. Später.
Näher. Ferner.
Es ist nicht dir geschehen.

Du überlebtest, denn du warst der erste.
Du überlebtest, denn du warst der letzte.
Weil allein. Weil unter Leuten.
Weil links. Weil rechts.
Weil Regen fiel. Weil Schatten fiel.
Weil die Sonne schien.

Zum Glück gab's den Wald.
Zum Glück keine Bäume.
Zum Glück das Gleis, den Haken, den Balken, die Bremse,
die Nische, die Kurve, den Millimeter, die Sekunde.
Zum Glück trieb ein Strohhalm im Wasser.

Infolge, deswegen, dennoch, trotzdem.
Was wär, wenn die Hand, das Bein,
um einen Schritt, eines Haares Breite
vom Zufall.

Also du bist? Stracks aus dem eben kaum noch offenen
    Moment?
Das Netz war einmaschig, und du durch diese eine Masche?
Ich kann nicht sattsam darüber schweigen noch mich
    wundern.
Höre,
wie schnell mir dein Herz schlägt.

Fällt vom Himmel

Die Magie geht zu Ende, obwohl die großen Mächte
da sind, wie sie waren. In den augustlauen Nächten
weißt du nicht, ob ein Stern stürzt aus der himmlischen
    Wüste
oder was andres, was da fallen müßte.
Weißt nicht, ob sich's ziemt, das Wunschspiel zu spielen,
wahrzusagen? Aus Sternen? Den mißverstandenen, vielen?
So, als hätten wir nicht das zwanzigste Jahrhundert?
Welcher Glanz wird dir schwören, ich bin Funke, ein
    Wunder,
wirklich Funke von einem Schweif des Kometen,
nichts als Funke, verschwinde sanft im Kreis der Monaden,
nicht ich falle hinab in die Morgengazetten,
nur der andre, daneben, mit dem Triebwerksschaden.

Von oben betrachtet

Ein toter Käfer liegt auf dem Feldweg,
drei Beinpaare sorgfältig über dem Bauch gekreuzt.
Statt Todeswirrnis – Reinlichkeit und Ordnung.
Das Grauen dieses Anblicks ist gemäßigt;
die Reichweite streng lokal von der Quecke zur Minze.
Die Trauer teilt sich nicht mit.
Der Himmel ist blau.

Unserem Frieden zuliebe sterben die Tiere nicht,
sie krepieren sozusagen den seichteren Tod,
verlieren – wir wollen es glauben – weniger Welt und
    Fühlen,
verlassen – so will uns scheinen – eine weniger tragische
    Bühne.
Ihre sanften Seelen schrecken uns nicht in der Nacht,
sie wahren Distanz,
kennen die mores.

Und so denn glitzert der tote Käfer am Weg,
unbeweint, der Sonne entgegen.
Es genügt, an ihn für die Dauer eines Blicks zu denken:
Er liegt, als wäre ihm nichts von Bedeutung passiert.
Bedeutung betrifft angeblich nur uns.
Nur unser Leben, nur unseren Tod,
den Tod, der erzwungenen Vorrang genießt.

Falsch verbunden

In der Bildergalerie klingelte das Telefon laut,
es klingelte durch den leeren Saal zur späten
Mitternacht, schliefe hier jemand, es weckte ihn auf,
aber hier gibt es nur die schlaflosen Propheten,
nur die Könige starren vom Mondschein blaß
mit angehaltenem Atem auf irgendwas
wie die Frau des Wucherers auf den Kamin,
ausgerechnet auf den dort läutenden Apparat,
aber nein, sie legt ihren Fächer nicht dorthin,
sie steht wie die andern, bewegt erstarrt.
In Erhabenheit abwesend, in Kleidern oder nackt,
tun sie den nächtlichen Alarm einfach ab,
in welchem mehr steckt, ich schwör's, an schwarzem Humor,
als träte der Hofmarschall persönlich aus dem Bild hervor
(dem übrigens in den Ohren nur die Stille gellt).
Daß irgendwo in der Stadt schon lange ein Verwirrter
naiv den Telefonhörer an die Schläfe hält
nach einer falschen Ziffer? Er lebt, also irrt er.

Eindrücke aus dem Theater

Für mich ist der wichtigste Aufzug einer Tragödie der sechste:
die Auferstehung vom Schlachtfeld der Bühne,
das Zupfen an den Perücken, Gewändern,
das Ziehen des Dolchs aus der Brust,
das Lösen der Schlinge vom Hals,
das Einreihen unter die Lebenden
mit dem Gesicht zum Parkett.

Die Verbeugungen, einzeln, gemeinsam:
die weiße Hand auf der Wunde des Herzens,
die Knickse der Selbstmörderin,
das Nicken geköpfter Häupter.

Die Verbeugungen paarweise:
der Zorn Arm in Arm mit der Sanftmut,
das Opfer blickt seinem Henker selig ins Auge,
Rebell und Tyrann schreiten friedlich nebeneinander.

Das Zertreten der Ewigkeit mit der Spitze des goldnen
    Pantoffels.
Das Fortfegen der Moral mit der Krempe des Hutes.
Die unverbesserliche Bereitschaft, morgen alles neu zu
    beginnen.

Der Einzug im Gänsemarsch der längst Verstorbnen,
im dritten, im vierten Akt, auch zwischen den Akten.
Die wunderbare Rückkehr der spurlos Verschwundnen.
Zu denken, daß sie geduldig hinter den Kulissen warteten,
immer noch kostümiert,

ohne sich abzuschminken,
rührt mich stärker als alle Tiraden des Dramas.

Wahrhaft erhaben ist erst das Fallen des Vorhangs
und was man danach durch den unteren Spalt zu sehen
    bekommt:
Da hebt eine Hand die Blume eilig vom Boden,
dort eine andre das liegengelassene Schwert.
Erst dann erfüllt eine unsichtbare dritte
ihre Verpflichtung:
Sie schnürt mir die Kehle.

Stimmen

Kaum bewegst du den Fuß, schon sprießen wie aus dem Boden
die Urvölker, Marcus Emilius.

Mitten in die Rutuler watet deine Ferse.
In die Sabiner, Latiner versinkst du bis an die Knie.
Bis an die Hüfte, den Hals, die Nasenlöcher bereits
stehn dir die Äquer und Volsker, Lucius Fabius.

Es gibt verdrießlich viele von diesen kleinen Völkern,
zum Überdruß und Erbrechen, Quintus Decius.

Hier eine Stadt, da die zweite, die hundertsiebzigste Stadt.
Der Widerstand der Fidenaten. Der Unwille der Felisker.
Die Blindheit der Ecaetraner. Das Schwanken der
      Antemnaten.
Die Lauheit der Labikaner, Peligner, die uns beleidigt.
Das ist es, was hinter jedem neuen Hügel uns,
die wir gutmütig sind, zur Strenge zwingt, Gajus Claelius.

Wenn sie uns wenigstens nicht behinderten, aber sie tun es,
diese Aurunker, Marser, Spurius Manlius.
Von hier und dort die Tarquinier, von überallher die Etrusker.
Außerdem die Volsiner. Überdies die Vejinter.
Wider den Sinn die Aulerker. Item die Sappianaten.
Das überschreitet die menschliche Langmut, Sextus Oppius.

Die kleinen Völker haben einen kleinen Verstand.
Immer weitere Kreise zieht der Stumpfsinn um uns.

Tadelnswerte Bräuche. Rückständige Gesetze.
Erfolglose Götter, Titus Vilius.

Haufenweise Herniker, Schwärme von Murricinern.
Zahlreich wie die Insekten sind die Vestiner, Samniten.
Je weiter, um so mehr, mein Servius Folius.

Bedauernswert sind die kleinen Völker.
Ihr Leichtsinn verlangt hinter jedem neuen Fluß
nach Aufsicht, Aulus Junius.

Ich fühle mich arg bedroht von jeglichem Horizont.
So sehe ich das Problem, mein Hostius Melius.

Drauf sage ich, Hostius Melius, dir, mein Appius Papius:
Vorwärts. Irgendwo schließlich ist die Welt zu Ende.

Die Briefe der Toten

Wir lesen die Briefe der Toten wie ratlose Götter,
immerhin Götter, denn wir kennen die späteren Daten.
Wir wissen, welches Geld nicht wiedergegeben wurde.
Wissen auch, wen die Witwen in Eile geheiratet haben.
Arme Verstorbene, verblendete Tote,
fehlbar, hintergangen, linkisch betriebsam.

Wir sehn hinter ihren Rücken die Fratzen und Zeichen
        der andern,
hören die zerrißnen Testamente rascheln.
Sie sitzen lächerlich vor uns, wie auf belegten Brötchen,
oder sie jagen den ihnen vom Kopf gewehten Hüten hinterher.
Ihr schlechter Geschmack, Napoleon, Dampf und der
        elektrische Strom,
die tödlichen Kuren gegen heilbare Leiden,
die törichte Apokalypse nach Sankt Johannes,
der falsche Himmel auf Erden nach Jean Jacques . . .

Schweigend beobachten wir auf dem Schachbrett ihre Figuren;
nur jetzt um drei Felder weiter.
Alles, was sie voraussahen, kam ganz anders
oder ein wenig anders, das heißt genauso ganz anders.
Die Eifrigsten blicken uns vertrauensselig in die Augen,
ungedenk dessen, daß sie darin die Vollkommenheit schauen.

Werbeprospekt

Ich bin die Beruhigungstablette.
Ich wirke zu Hause,
bin erfolgreich im Amt,
setze mich zum Examen,
stelle mich der Verhandlung,
klebe exakt die zerschlagenen Krüge zusammen.
Nimm mich nur ein,
laß mich unter der Zunge zergehen,
schluck mich nur runter,
spüle mit Wasser nach.

Ich weiß, wie dem Unglück begegnen,
die schlechte Nachricht ertragen,
die Ungerechtigkeit mindern,
das Nichtvorhandensein Gottes erklären,
den kleidsamen Trauerhut wählen.
Was wartest du noch –
vertraue dem chemischen Mitleid.

Noch bist du jung,
du solltest dich irgendwie einrichten.
Wer hat gesagt,
man müsse das Leben tapfer durchleben?

Gib deinen Abgrund her –
ich polstere ihn mit Schlaf,
du wirst mir dankbar sein
für die vier Pfoten des Fallens.

Verkaufe mir deine Seele:
Ein anderer Käufer findet sich nicht.

Ein anderer Teufel auch nicht.

Spaziergang eines Wiedererweckten

Der Herr Professor starb bereits dreimal.
Nach dem ersten Tod hieß man ihn den Kopf bewegen.
Nach dem zweiten sich setzen.
Nach dem dritten – stellte man ihn sogar auf die Beine,
gestützt auf die dicke, gesunde Amme:
Jetzt gehn wir ein wenig spazieren.

Das Hirn nach dem Unfall war bös beschädigt,
und bitte, es nimmt doch wunder, wie viele
    Schwierigkeiten es überwunden hat,
links rechts, hell dunkel, Baum Gras, tut weh essen.

Wieviel ist zwei und zwei, Professor?
Zwei – erklärt der Professor.
Die Antwort ist besser als die letzten.

Tut weh, Gras, sitzen, Bank.
Am Ende der Allee wartet die wie die Welt betagte,
nicht leutselige, nicht rosige,
dreimal von hier vertriebene,
angeblich wirkliche Amme.

Der Herr Professor will zu ihr.
Wieder reißt er sich von uns los.

Das Massenfoto

Auf dem Massenfoto
ist mein Kopf der siebte vom Rand,
vielleicht der vierte von links
oder der zwanzigste von unten;

mein Kopf, ich weiß nicht welcher,
nicht mehr der eine, der einzige,
ähnlich den ähnlichen schon,
weder weiblich noch männlich;

die Kennzeichen, die er mir gibt,
sind keine besonderen Zeichen;

mag sein, daß der ZEITGEIST ihn sieht,
aber er sieht ihn nicht an;

meinen statistischen Kopf,
der Stahl und Kabel verbraucht,
äußerst gelassen, global;

er schämt sich nicht, daß er beliebig,
verzweifelt nicht, daß er vertauschbar;

als trüg ich ihn überhaupt nicht
auf meine Art und gesondert;

als legte man einen Friedhof frei
voll namenloser, ziemlich
gut erhaltener Schädel
trotz aller Sterblichkeitsraten;

als läge er dort bereits,
mein fremder, summarischer Kopf;

der, wenn er etwas erinnert,
dann wohl die tiefe Zukunft.

Gewohnte Heimkehr

Er kam zurück. Sagte nichts.
Es war aber klar, daß er Ärger hatte.
Legte sich hin in Klamotten.
Verbarg den Kopf unter der Decke.
Zog die Knie an.
Er ist etwa vierzig, doch nicht in diesem Moment.
Er ist – aber nur soviel wie damals im Mutterleib,
unter den sieben Häuten, im schützenden Dunkel.
Morgen wird er den Vortrag halten über Homöostase
in der metagalaktischen Kosmonautik.
Vorläufig liegt er zusammengerollt und schläft.

Entdeckung

Ich glaube an die große Entdeckung.
Ich glaube an den Menschen, der die Entdeckung macht.
Ich glaube an die Angst des Menschen, der die
    Entdeckung macht.

Ich glaube an die Blässe seines Gesichts,
an seinen Brechreiz, den kalten Schweiß auf der Lippe.

Ich glaube an das Verbrennen der Niederschriften,
an ihr Verbrennen zu Asche,
zur letzten.

Ich glaube an das Zerstäuben der Zahlen,
ein reuloses Zerstäuben.

Ich glaube an die Hast des Menschen,
an die Genauigkeit seiner Bewegung,
an seinen unbezwungenen Willen.

Ich glaube an das Zerschlagen der Tafeln,
an das Vergießen der Flüssigkeiten,
an das Erlöschen der Flamme.

Ich meine, daß das gelingen wird
und daß es dann nicht zu spät sein wird
und daß sich die Sache ganz ohne Zeugen abspielen wird.

Niemand wird es erfahren, ich bin dessen sicher,
weder die Frau noch die Wand,
nicht einmal der Vogel, er könnte es sonst verpfeifen.

Ich glaube an die verweigerte Hand,
ich glaube an die verpfuschte Karriere,
ich glaube an die vertane Arbeit von vielen Jahren.
Ich glaube an das ins Grab genommene Geheimnis.

Mir schweben diese Worte über den Regeln.
Sie suchen keine Stütze bei den Exempeln.
Mein Glaube ist fest, blind und grundlos.

Das Gerippe eines Gigantosaurus

Geliebte Brüder,
hier also sehn wir das Beispiel für falsche Proportionen:
vor uns türmt sich das Skelett eines Gigantosaurus –

Liebe Freunde,
zur Linken der Schwanz in die eine Unendlichkeit,
zur Rechten der Hals in die andre –

Verehrte Genossen,
in der Mitte vier Tatzen, unter dem Hügel des Rumpfs,
steckengeblieben im Schlamm –

Werte Bürger,
die Natur irrt nicht, doch sie beliebt zu scherzen:
beachten Sie bitte dieses komische Köpfchen –

Meine Damen und Herren,
ein solches Köpfchen konnte nichts vorausschaun,
und deshalb ist es das Köpfchen eines ausgestorbnen
    Reptils –

Geschätzte Versammlung,
zu wenig Hirn, zu großer Appetit,
mehr dummer Schlaf als kluge Angst –

Würdige Gäste,
so gesehen sind wir in viel besserer Verfassung,
das Leben ist schön, die Erde gehört uns –

Vortreffliche Delegation,
der gestirnte Himmel über dem denkenden Schilf,
das moralische Gesetz darin –

Vorzügliche Kommission,
das gelang nur einmal,
vielleicht nur unter dieser Sonne –

Oberster Rat,
wie geschickt die Hände,
wie beredt der Mund,
wieviel Kopf auf dem Nacken –

Höchste Instanz,
welche Verantwortung anstelle des Schwanzes –

Verfolgung

Ich weiß, mich erwartet Stille, und doch.
Kein Jubel, keine Fanfaren, kein Beifall, und doch.
Kein Warngeläut, keine Angst, selbst die nicht.

Ich rechne nicht einmal mit einem dürren Blatt,
geschweige mit Silberpalästen und Gärten,
würdigen Greisen, gerechten Gesetzen,
mit Weisheit in Kugeln aus purem Kristall, und doch.

Ich verstehe, daß ich nicht deshalb über den Mond geh,
um Ringe, verlorene Bänder zu suchen.
Sie nehmen beizeiten alles mit.

Nichts, was bezeugen könnte, daß.
Unrat, Abfälle, Kram, Beschriebenes, Krumen,
Splitter, Späne, Scherben, Brocken, Gerümpel.

Ich, natürlich, bücke mich nur nach dem Steinchen,
dem ich nicht ablesen werde, wohin sie gegangen sind.
Sie mögen es nicht, mir Zeichen zu hinterlassen.
Ihre Kunst, die Spur zu verwischen, ist unvergleichlich.

Seit Urzeiten kenne ich ihr Talent, zur rechten Zeit
    zu verschwinden,
ihre göttliche Unfaßbarkeit an den Hörnern, am Schweif,
am Saum des Gewandes, das sich im Abflug aufbläht.
Kein Härchen fällt ihnen je vom Kopf meinetwegen.

Überall sind sie um einen Gedanken listiger als ich selbst,
stets einen Schritt mir voraus, bevor ich es schaffe,
den Mühen des Vorrangs spöttisch preisgegeben.

Sie sind nicht vorhanden, waren nie da, und doch
muß ich es ständig mir wiederholen,
bemüht, kein Kind zu sein, dem es scheint.

Und das, was plötzlich mir vor den Füßen davonsprang,
es sprang nicht sehr weit, weil es zertreten stürzte,
auch wenn es immer noch zuckt
und bleibendes Schweigen verbreitet,
es ist ein Schatten – zu sehr mein eigner, als daß ich am
    Ziel mich wähnte.

Ansprache im Fundbüro

Ich verlor ein paar Göttinnen unterwegs von Süd nach Nord
und ebenso viele Götter unterwegs von Ost nach West.
Einige Sterne – Himmel, öffne dich weit – sind mir für
    immer erloschen.
Die eine, die andere Insel sank mir ins Meer.
Ich weiß nicht einmal genau, wo ich die Krallen ließ
und wer mein Fell jetzt trägt, in meiner Schale wohnt.
Als ich an Land kroch, starben meine Geschwister,
den Jahrestag feiert in mir ein kleiner Knorpel allein.
Ich sprang aus der Haut, verschwendete Wirbel und Beine,
verlor meine Sinne sehr oft.
Zu all dem drückte ich mein drittes Auge zu,
winkte ab mit der Flosse, zuckte mit den Zweigen.

Vertan, verloren, in alle vier Winde verweht.
Ich staune selbst über mich, wie wenig von mir noch besteht:
die Einzelperson vorläufig menschlicher Art,
die gestern nur ihren Schirm in der Trambahn verloren hat.

Verwunderung

Wieso in der allzu einen Person?
Der und nicht andren? Und was such ich hier schon?
Am Tag, der ein Dienstag? Im Haus, nicht Nest?
In Häuten statt Schuppen? Gesicht statt Blatt?
Warum nur einmal persönlich? Und immer statt?
Just hier auf der Erde? Bei Ost und West?
Nach so vielen Ären ohne Gegenwart?
Für alle Zeiten, ob's schneit, ob's brennt?
Für jedes Ferment und das Firmament?
Ausgerechnet jetzt? Und auf Knochen und Mark?
Allein hier bei mir und mit mir? Wieso
nicht nebenan oder meilenweit weg,
nicht irgendwann und nicht irgendwo
sitze und blick ich ins leere Eck
– so wie das Etwas, das knurrt und
plötzlich dort aufschaut, genannt der Hund?

Geburtstag

Soviel Welt auf einmal von überall Welten:
Moränen, Muränen und Meere und Mähren,
Karfunkel und Funken und Bären und Beeren,
wo stell ich das hin, und wie soll ich mich wehren?
Die Minze und Pilze, die Drosseln und Brassen,
die Dillen und Grillen – wie soll ich das fassen?
Die Schönchen und Tränchen, Gorillas, Berylle –
ich danke, mich überfordert die Fülle.
Wohin mit der Pracht, mit den Kletten und Kressen,
Pantoffeln und Panthern, den Nüssen und Nässen?
Wohin mit dem Fink, wo das Silber verstecken,
was tu ich im Ernst mit den Mücken und Schnecken?
Das Dioxyd ist mir zu teuer, ich passe,
und erst der Achtfüßler oder die Assel!
Auch ohne das Preisschild ahn ich die Preise
der Sterne, nein, danke, ich kann's mir nicht leisten.
Mir ist dieser Aufwand zu groß, zu erlesen.
Wie wird damit fertig ein irdisches Wesen?
Ich bin hier ja nur eine winzige Weile:
Versäume das meiste, von weitem, in Eile.
Bin unfähig, alles mit nichts zu vergleichen.
Verliere auf meiner Reise das Veilchen.
Ich kann's mir nicht leisten, wie ich mich auch mühte,
den Umstand des Halms, des Blatts und der Blüte,
nur einmal im Raum, seit niemals, tatsächlich,
verächtlich genau und erhaben zerbrechlich.

Interview mit einem Kind

Seit kurzem ist der Meister unter uns.
Er lauert deshalb aus allen Ecken.
Bedeckt das Gesicht mit den Händen und blickt durch
    den Spalt.
Steht mit der Stirn zur Wand, dann dreht er sich
    plötzlich um.

Der Meister weist den absurden Gedanken befremdet
    zurück,
der Tisch, aus dem Auge gelassen, müsse pausenlos
    Tisch sein,
der Stuhl hinterm Rücken beharre in den Grenzen des
    Stuhls,
ohne den kleinsten Versuch, die Gelegenheit
    wahrzunehmen.

Das stimmt, es ist schwer, die Welt bei der
    Andersartigkeit zu ertappen,
der Apfelbaum kehrt vor das Fenster zurück, bevor wir
    ihn sehn.
Die Regenbogenspatzen dunkeln rechtzeitig nach.
Das Ohr der Wand schnappt alle Geräusche auf.
Der Nachtschrank täuscht den Gleichmut des
    Tagschranks vor.
Die Schublade sucht den Meister zu überzeugen,
sie enthielte nur das, was man früher in sie hineintat.
Sogar im Märchenbuch, plötzlich aufgeschlagen,
schafft die Prinzessin es immer, im Bild sich zu setzen.

Sie ahnen in mir den Ankömmling – seufzt der Meister –,
sie nehmen den Fremden nicht auf zum gemeinsamen Spiel.

Denn sollte alles, was existiert,
nur auf eine Art existieren,
in schrecklicher Lage, denn ohne Ausweg aus sich,
ohne Veränderung und ohne Pause? Im demutsvollen
　　　Von-bis?
Die Fliege am Fänger der Fliege? Die Maus in der Falle
　　　der Maus?

Der Hund, nie losgelassen von der heimlichen Kette?
Das Feuer, das sich zu nichts anderem aufraffen kann,
als nur des Meisters Finger zum zweiten Mal zu
　　　verbrennen?
Ist das die eigentliche, die endgültige Welt:
verstreuter Reichtum, nicht einzusammeln,
nutzloser Prunk, die verbotene Chance?

Nein – schreit der Meister und stampft mit so vielen Füßen,
so viele hat er – in so großer Verzweiflung,
daß selbst sechs Käferbeine dafür nicht ausreichen würden.

Allegro ma non troppo

Du bist schön – sag ich zum Leben –,
schöner wär's nicht auszudenken,
lurchiger und lerchenhafter,
ameisiger, samenvoller.

Ich versuch, ihm zu gefallen,
augendienerisch zu schmeicheln.
Immer grüß ich es als erste,
mit Ergebenheit im Ausdruck.

Quere seinen Weg zur Linken,
quere seinen Weg zur Rechten,
fliege hoch vor Enthusiasmus,
falle tief in Ehrerbietung.

Wie sehr Heu ist dieses Pferdchen,
wie sehr Wald ist diese Beere,
nie hätt ich's für wahr genommen,
wär ich nicht zur Welt gekommen!

Ich find nichts – sag ich zum Leben –,
was ich dir vergleichen könnt.
Niemand machte besser oder
schlechter einen zweiten Zapfen.

Deinen Einfallsreichtum lob ich,
Großmut, Schwungkraft und Exaktheit,
außerdem – und was noch sonst –
Gaukeleien, Zaubereien.

Seit gut hunderttausend Jahren
mach ich ihm den Hof und lächle;
um es ja nicht zu verletzen,
zu erzürnen, zu entfesseln.

Zerr am Blattsaum dieses Lebens:
Blieb es stehn? Konnt es mich hören?
Hat es einmal, eine Weile
nur vergessen – wo es hinführt?

Autotomie

Bei Gefahr zweiteilt sich die Seegurke:
Einen Teil von sich überläßt sie der Welt zum Fraß,
mit dem anderen flieht sie.

Sie zerfällt gewaltsam in Verderb und Rettung,
in Strafe und Belohnung, in was gewesen ist und was
    sein wird.

In der Mitte ihres Leibes öffnet sich ein Abgrund
mit zwei einander sogleich fremden Ufern.

An einem Ufer der Tod, am anderen das Leben.
Hier Verzweiflung, dort Hoffnung.

Wenn es eine Waage gibt, schwanken ihre Schalen nicht.
Gibt es Gerechtigkeit, dann diese.

Sterben, soviel es Not tut, aber nicht maßlos.
Nachwachsen, soviel wie geboten aus dem geretteten Rest.

Wir können uns zerteilen, wohl wahr, auch wir.
Aber nur in Körper und stockendes Geflüster.
In Körper und Poesie.

Auf einer Seite die Kehle, auf der anderen das Lachen,
leicht, rasch verstummt.

Hier das schwere Herz, dort non omnis moriar,
drei Wörtchen nur wie drei leichte Federn des Höhenflugs.

Der Abgrund zerschneidet uns nicht.
Der Abgrund umfängt uns.

Dem Andenken an Halina Poświatowska

Erstarrung

Miss Duncan, die Tänzerin,
welch ein Wölkchen, ein sanfter Zephir, Bacchantin,
der Mondschein auf einer Welle, ein Wiegen, der Hauch
    eines Atems.

Wenn sie so dasteht im Lichtbildatelier,
körperlich, schwer, der Musik, der Bewegung entzogen,
der Pose zum Fraß vorgeworfen,
zum falschen Zeugnis bestellt.

Die dicken Arme über den Kopf erhoben,
das Knäuel der Knie unter der kurzen Tunika frei,
der linke Fuß, vorgesetzt, die Ferse nackt, die Zehen,
5 Fußnägel (fünf in Worten).

Einen Schritt aus der ewigen Kunst in die künstliche
    Ewigkeit –
es fällt schwer zu meinen – der Schritt sei besser als nichts
und richtiger als überhaupt nicht.

Hinter dem Paravent das rosa Korsett, das Täschchen,
im Handtäschchen das Billett für die Dampferpassage,
die Abfahrt ist übermorgen, das heißt vor sechzig Jahren,
also nimmermehr, doch pünktlich um neun in der Früh.

Sicherheit

– *Du bist also sicher, daß unser Schiff*
die tschechischen Wüsten erreichte? – Bin sicher, Herr.
Das ist aus Shakespeare, der, des bin ich sicher,
kein andrer war. Ein Datum, ein paar Fakten, matte,
fast ein Porträt zur Lebzeit ... Behaupten, daß wir wenig
   wissen?
Warten auf den Beweis, den das GROSSE MEER bereits
   mit sich gerissen
und an die tschechischen Ränder dieser Welt geworfen
   hatte?

Klassiker

Ein paar Handvoll Erde, und das Leben ist vergessen.
Die Musik befreit sich von den Begleitumständen.
Des Meisters Hüsteln verstummt über den Menuetten.
Und abgerissen werden die Umschläge aus Brei.
Das Feuer verdaut die Perücke voll Läuse und Staub.
Fort sind die Tintenflecke von der Spitzenmanschette.
Zum Abfall wandern Pantoffeln, lästige Zeugen.
Die Geige nimmt sich der unbegabteste Schüler.
Fleischerrechnungen werden den Noten entnommen.
In Mäusebäuchen landen die Briefe der armen Mutter.
Die glücklose Liebe, zunichte gemacht, verlischt.
Das Auge hört auf zu tränen.
Das blaßrote Band kann die Tochter des Nachbarn brauchen.
Die Zeiten sind, Gott sei Dank, noch nicht romantisch.
Alles, was kein Quartett ist,
wird als fünftes verworfen.
Alles, was kein Quintett ist,
wird als sechstes gelöscht.
Alles, was nicht Choral ist von vierzig Engeln,
verhallt als Hundegeheul, als das Glucksen des Gendarmen.
Entfernt wird vom Fenster der Blumentopf mit der Aloe,
der Teller mit Fliegengift, das Döschen mit der Pomade,
und frei wird der Blick – aber ja! – der Blick in den Garten,
einen Garten, den es hier niemals gegeben hatte.
Und nun hört zu, ihr Sterblichen, hört gut zu,
spitzt eure Ohren eifrig und staunt,
ihr eifrigen, staunenden, sterblichen Lauscher, hört,
hört – nur gut zu – ganz Ohr –

Lob der Träume

Im Traum
male ich wie Vermeer van Delft.

Ich spreche fließend Griechisch,
nicht nur mit Zeitgenossen.

Ich fahre ein Auto,
das mir gehorcht.

Ich bin begabt,
schreibe große Poeme.

Ich höre Stimmen,
wie die wahren Heiligen, nicht minder.

Ihr würdet staunen
über die Herrlichkeit meines Klavierspiels.

Ich fliege, wie sich's gehört,
also aus mir heraus.

Fallend vom Dach,
vermag ich weich ins Grüne zu fallen.

Es macht mir nichts aus,
unter Wasser zu atmen.

Ich beklage mich nicht:
Ich habe Atlantis entdeckt.

Es freut mich, daß ich aus dem Sterben
immer wieder erwache.

Gleich nach Ausbruch des Krieges
dreh ich mich um, auf die bessere Seite.

Ich bin, doch muß ich es nicht,
Kind meiner Zeit.

Vor einigen Jahren
sah ich zwei Sonnen.

Und vorgestern einen Pinguin.
Vollkommen deutlich.

Glückliche Liebe

Glückliche Liebe. Ist das normal
und ernstzunehmen und nützlich –
was hat die Welt von zwei Menschen,
die diese Welt nicht sehen?

Zu sich erhoben ohne jedes Verdienst,
die ersten besten von einer Million, allerdings überzeugt,
es habe so kommen müssen – als Preis wofür? für nichts.
Von nirgendwoher fällt Licht –
weshalb gerade auf die und nicht andre?
Beleidigt es nicht die Gerechtigkeit? Ja.
Verletzt es nicht alle sorgsam aufgetürmten Prinzipien,
stürzt die Moral nicht vom Gipfel? Es verletzt und stürzt.

Seht sie euch an, diese Glücklichen:
Wenn sie sich wenigstens verstellten,
Niedergeschlagenheit spielten, damit die Freunde auf
      ihre Kosten kämen!
Hört, wie sie lachen – kränkend.
Mit welcher Zunge sie sprechen – scheinbar verständlich.
Und diese ihre Zeremonien, Zierereien,
die findigen Pflichten gegeneinander –
es ist wie eine Verschwörung hinter dem Rücken der
      Menschheit!

Schwer zu ahnen, was geschähe,
machte ihr Beispiel Schule,
worauf Religion und Dichtung noch bauen könnten.
Was hielte man fest, was ließe man sein,
wer bliebe denn noch im Kreis?

Glückliche Liebe. Muß das denn sein?
Takt und Vernunft gebieten, sie zu verschweigen
wie einen Skandal in den besseren Kreisen des LEBENS.
Prächtige Babies werden ohne ihr Zutun geboren.
Sie könnte die Erde, da sie so selten vorkommt,
niemals bevölkern.

So mögen alle, denen die glückliche Liebe fremd ist,
behaupten, es gäbe sie nicht.

Mit diesem Glauben leben und sterben sie leichter.

Das Nichts

Das Nichts hat sich auch mir genichtet.
Es wendete sich tatsächlich auf die andere Seite.
Wo bin ich nur hingeraten,
Kopf und Fuß in Planeten,
unbegreiflich, ich hätte einmal nicht da sein können.

O du mein hier Getroffener, Liebgewonnener hier,
ich ahne, die Hand auf deiner Schulter, nur,
wieviel Leere uns auf der anderen Seite zukommt,
wieviel dort Stille fällt auf eine Grille hier,
wieviel dort Wiese fehlt dem Sauerampferblatt hier,
die Sonne aber ist nach dem Dunkel wie Schadenersatz
im Tropfen Tau – für die wie tiefen Dürren dort!

Gestirnt aufs Geratewohl! Die Hiesigen umgekehrt!
Weitgestreckt über Schrägen, Schwere, Rauheit, Bewegung!
Ein Spalt im Unendlichen für den grenzenlosen Himmel!
Erleichterung nach dem Nichtraum in Form einer
    schwankenden Birke!

Jetzt oder nie bewegt der Wind eine Wolke,
denn Wind ist eben das, was dort nicht weht.
Und der Käfer betritt den Pfad im dunklen Anzug des
    Zeugen.
Für den Fall des langen Wartens aufs kurze Leben.

Für mich hat sich's so ergeben, daß ich bei dir bin.
Und wirklich, ich sehe darin nichts
Gewöhnliches.

Unter einem Stern

Ich bitte den Zufall um Vergebung, daß ich ihn Fügung
    nenne.
Ich bitte die Fügung um Vergebung, wenn ich mich
    dennoch irre.
Das Glück zürne mir nicht, halte ich es für das meine.
Die Verstorbenen sehen mir nach, daß ich sie kaum noch
    erinnere.
Verzeihung, Zeit, daß ich die Vielfalt der Welt jede
    Sekunde übersehe.
Alte Liebe, vergib, halt ich die neue für die erste.
Vergebung, ferne Kriege, daß ich Blumen nach Hause trage.
Vergebung, offene Wunden, daß ich mich in den Finger steche.
Ihr Rufer vom Abgrund, verzeiht mir die Schallplatte
    mit dem Menuett.
Ihr Menschen am Bahnhof, verzeiht meinen Schlaf um
    fünf Uhr am Morgen.
Gehetzte Hoffnung, vergib, daß ich zuweilen lache.
Ihr Wüsten, vergebt, wenn ich mit dem Löffel Wasser
    nicht eile.
Und du, Habicht, seit Jahren derselbe, im selben Käfig,
immerwährend reglos in den einen Punkt starrend,
vergib mir, und wärst du auch nur ein ausgestopfter Vogel.
Verzeih mir, gefällter Baum, die vier toten Beine des Tisches.
Verzeiht mir, große Fragen, die viele kleinliche Antwort.
Wahrheit, beachte mich nicht zu genau.
Ernst, erweise mir Großmut.
Geheimnis des Seins, ertrag's, daß ich Fäden aus deiner
    Klage zupfe.
Seele, klag mich nicht an, daß ich dich selten besitze.

Alles mag mir verzeihn, daß ich nicht überall sein kann.
Alle mögen verzeihn, bin ich nicht jeder und jede.
Ich weiß, nichts spricht mich frei, solange ich lebe,
ich stehe mir nämlich selber im Weg.
Nimm mir nicht übel, Sprache, daß ich pathetische
    Worte entlehne
und mir dann Mühe gebe, sie leicht erscheinen zu lassen.

Die große Zahl

Wielka liczba
1976

Die große Zahl

Vier Milliarden Menschen auf dieser Erde,
und meine Vorstellungskraft ist, wie sie immer war.
Sie tut sich schwer mit den großen Zahlen.
Noch rührt sie die Einzelheit ständig.
Sie flackert im Dunkel wie das Laternenlicht,
enthüllt nur die ersten Gesichter am Rande,
während der Rest, übersehen,
ins Undenkbare, ins Unverwundene gleitet.
Aber selbst Dante hätte das nicht aufgehalten.
Geschweige denn jemand, der Dante nicht ist.
Und stünden mir alle Musen auch bei.

Non omnis moriar – verfrühte Besorgnis.
Lebe ich aber ganz, und ist das genug?
Es war nie genug, um so weniger jetzt.
Ich wähle, indem ich verwerfe, es gibt keine andere Art,
was ich verwerfe jedoch, ist zahlreicher,
dichter, bedrängender, mehr denn je.
Auf Kosten des unbeschriebnen Verlusts – da ein
Gedichtchen, dort ein Seufzer.
Den lauten Ruf beantworte ich mit Geflüster.
Wieviel ich verschweige, sage ich nicht.
Maus am Fuße des Mutterberges.
Das Leben dauert wenige Krallenzeichen im Sand.

Meine Träume – selbst die sind nicht so, wie es sich
    gehörte, bevölkert.
Das Alleinsein erfüllt sie mehr als Menschenmenge und Lärm.
Da kommt ein längst Verstorbner vorbei für ein Weilchen.

Da drückt eine einzelne Hand die Klinke.
Nebenbauten des Echos umwachsen das leere Haus.
Ich lauf von der Schwelle ins Tal,
das stille, als sei es ein Niemandstal, anachronistisch bereits.
Wo kommt diese Weite in mir noch her
– ich weiß nicht.

Danksagung

Vieles verdanke ich denen,
die ich nicht liebe.

Die Erleichterung, mit der ich hinnehme,
daß sie einem anderen näher sind.

Die Freude, nicht ich bin
der Wolf ihrer Lämmer.

Ich habe Frieden mit ihnen
und Freiheit mit ihnen,
das aber kann mir Liebe
weder geben noch nehmen.

So warte ich nicht auf sie
zwischen Fenster und Tür.
Geduldig
fast wie die Sonnenuhr,
weiß ich, was die Liebe
nicht weiß,
verzeihe, was die Liebe
niemals verziehe.

Vom Stelldichein bis zum Brief
verfließt keine Ewigkeit,
nur eben Tage und Wochen.

Die Reisen mit ihnen gelingen immer,
Konzerte werden erlebt,
Kirchen besichtigt,
Landschaften deutlich.

Trennen uns sieben Berge und Flüsse,
dann sind es Berge und Flüsse,
uns von der Karte vertraut.

Es ist ihr Verdienst,
wenn ich in drei Dimensionen lebe,
in einem nicht rhetorischen, nicht lyrischen Raum,
mit einem echten, weil beweglichen Horizont.

Sie wissen es selbst nicht,
was ihre leeren Hände alles tragen.

»Ich schulde ihnen gar nichts« –
würde die Liebe sagen
zu dieser offenen Frage.

Psalm

Wie undicht sind doch die Grenzen menschlicher Staaten!
Wie viele Wolken treiben straflos darüber hinweg,
wieviel vom Sand der Wüsten rieselt von Land zu Land,
wie viele Bergsteine purzeln auf fremde Ländereien in
    frechem Gehüpf!

Muß ich hier jeden Vogel erwähnen, wie er fliegt
oder wie er sich eben setzt auf den gesenkten Schlagbaum?
Und wäre es gar ein Spatz – schon ist sein Schwänzchen
    drüben,
sein Schnabel aber noch hüben. Und obendrein – wie er
    sich plustert!

Von ungezählten Insekten nenne ich nur die Ameise,
die zwischen dem linken und rechten Schuh des
    Grenzpostens
auf dessen Frage: woher, wohin – sich zu keiner
    Antwort bequemt.

Oh, dieses ganze Durcheinander auf einmal auf allen
    Kontinenten!
Schmuggelt da nicht vom anderen Ufer die Rainweide
das hunderttausendste Blatt über den Fluß?
Wer sonst als der Tintenfisch, langarmig, dreist,
verletzt die heilige Zone der Hoheitsgewässer?

Kann überhaupt von Ordnung gesprochen werden,
wo man nicht einmal die Sterne ausbreiten kann,
damit man weiß, wem welcher leuchtet?

Und dann das tadelnswerte Sich-Breitmachen dieses Nebels!
Das Stauben der Steppe überallhin,
als wäre sie nicht in der Mitte geteilt!

Und das Tragen der Stimmen auf willigen Wellen der Luft:
des Lock-Gepiepses und des bedeutsamen Glucksens!

Nur das, was menschlich ist, kann wahrhaft fremd sein.
Der Rest ist Mischwald, Maulwurfsarbeit und Wind.

Lots Frau

Angeblich sah ich zurück aus Neugier.
Aber außer der Neugier hätt ich auch andere Gründe
    haben können.
Ich sah zurück, weil mir die Silberschale leid tat.
Versehentlich – als ich den Riemen festband an der Sandale.
Um nicht noch länger in den gerechten Nacken Lots,
meines Mannes, zu blicken.
Aus plötzlicher Überzeugung, er hielte nicht einmal an,
    wenn ich stürbe.
Aus dem Ungehorsam der Demutsvollen.
Lauschend auf die Verfolger.
Von der Stille getroffen, hoffend, Gott habe es sich
    anders überlegt.
Unsere beiden Töchter verschwanden hinter der
    Hügelkuppe bereits.
Ich spürte das Alter in mir. Die Entfernung.
Die Schläfrigkeit. Die Ödnis des Wanderns.
Ich sah zurück, als ich das Bündel zu Boden legte.
Ich sah zurück vor Angst, wohin den nächsten Schritt setzen.
Schlangen kreuzten meinen Weg,
Spinnen, Feldmäuse, Geierküken.
Weder Gutes noch Böses – einfach alles, was lebte,
kroch und hüpfte in Massenpanik.
Aus Vereinsamung sah ich zurück.
Aus Scham, ich hätte heimlich die Flucht ergriffen.
Aus Lust, jetzt aufzuschreien, umzukehren.
Oder erst dann, als der Wind
mir das Haar löste und das Kleid nach oben riß.
Ich meinte, man sehe es von den Mauern Sodoms,

und lachte schallend, einmal, ein zweites.
Ich sah zurück im Zorn.
Um mich zu weiden an ihrem großen Verderben.
Ich sah zurück aus allen obengenannten Gründen.
Ich sah zurück ohne eigenen Willen.
Nur der Fels drehte sich unter mir knarrend.
Ein Erdspalt schnitt mir plötzlich den Weg ab.
Ein Hamster trippelte, auf zwei Pfötchen gereckt, am Rande.
Und da sahn wir beide zurück.
Nein, nein. Ich lief weiter,
ich robbte und flog hinauf,
bis vom Himmel die Dunkelheit hereinbrach
und mit ihr der heiße Kies und die toten Vögel.
Aus Atemnot drehte ich mehrmals mich um.
Wer das hätte sehen können, meinte vielleicht, daß ich tanze.
Nicht ausgeschlossen, daß ich die Augen geöffnet hatte.
Möglich, daß mein Gesicht, als ich hinfiel, zur Stadt
    zurücksah.

Das Experiment

In einem Kurzfilm vor dem Hauptfilm,
in dem die Schauspieler taten, was sie nur konnten,
mich zu rühren, sogar zum Lachen zu bringen,
zeigte man ein interessantes Experiment
mit einem Kopf.

Der Kopf
gehörte eben noch zu –
nun lag er abgetrennt,
jeder konnte es sehen, ihm fehlte der Rumpf.
Vom Nacken hingen die Röhrchen des Apparats,
durch den das Blut weiterhin kreisen konnte.
Der Kopf
war wohlauf.

Ohne ein Zeichen von Schmerz, nicht einmal Verwunderung
folgte er mit dem Blick der Bewegung des Lämpchens.
Spitzte die Ohren, wenn's klingelte.
Er unterschied mit feuchter Schnauze
den Speckgeruch vom geruchlosen Nichts
und ließ, sich mit deutlichem Wohlgefallen das Maul
        leckend,
den Speichel rollen zum Ruhme der Physiologie.

Treuer Hundekopf,
braver Hundekopf,
als man ihn streichelte, blinzelte er
im Glauben, er wäre nach wie vor Teil einer Ganzheit,
die unter Kosungen den Rücken krümmt,
mit dem Schwanz wedelt.

Ich dachte ans Glück und verspürte Angst.
Denn ginge es im Leben nur darum,
war dieser Kopf ja
glücklich.

Lächeln

Die Welt schaut hoffnungsvoller als sie hört.
Staatsmänner lächeln rigoros.
Das Lächeln bedeutet, ihr Mut sei noch nicht zerstört.
Das Spiel ist vertrackt, der Erfolg nicht gewiß,
die Interessen gegensätzlich – das zutraulich blanke Gebiß
ist immer ein Trost.

Sie müssen liebenswert sein
am Flughafen, bei Tagungen, im Rampenlicht.
Ihre Stirn strahlt eitel Sonnenschein.
Dieser grüßt den, der verabschiedet jenen.
Die Kameras und die Schaulustszenen
brauchen das lächelnde Gesicht.

Stomatologie im Dienste der Diplomatie
garantiert den spektakulären Erfolg heutzutage.
Die Hauer des guten Willens, der Eckzahn der Artigkeiten –
in bedrohlichen Situationen nutze man sie.
Noch ist die Zeit nicht so heiter,
im Gesicht gewöhnliche Trauer zu tragen.

Die brüderliche Menschheit, wie die Träumer versprechen,
werde die Welt ins Land des Lächelns verwandeln.
Ich zweifle. Dann zwängen sich die Staatsmänner,
sozusagen, nicht zu so vielen Lächeln.
Nur ab und zu; weil's warm ist oder weil's dämmert,
unverkrampft und gelassen im Handeln.
Der Mensch ist von Natur der Trauer ausgesetzt.
Auf diese warte ich und freue mich schon jetzt.

Der Terrorist, er sieht

Die Bombe geht hoch in der Bar um dreizehn Uhr zwanzig.
Jetzt ist es erst dreizehn sechzehn.
Einige schaffen es noch, das Lokal zu betreten.
Andere, es zu verlassen.

Der Terrorist ist bereits auf der anderen Straßenseite.
Diese Entfernung schützt ihn vor allem Übel,
und die Sicht ist genau wie im Kino:

Die Frau im gelben Jäckchen, sie geht rein.
Der Mann mit der dunklen Brille, er kommt raus.
Die Jungen in Jeans, sie unterhalten sich.
Dreizehn siebzehn und vier Sekunden.
Der Kleinere, der hat Glück und besteigt den Roller,
aber der Größere, der geht rein.

Dreizehn siebzehn und vierzig Sekunden.
Ein Mädchen mit grünem Band im Haar, es kommt näher.
Nur daß der Bus es plötzlich verdeckt.
Dreizehn achtzehn.
Das Mädchen ist weg.
Ob es so dumm war reinzugehen oder auch nicht,
das wird sich zeigen, wenn man sie rausträgt.

Dreizehn Uhr neunzehn.
Irgendwie geht niemand rein.
Dafür kommt ein Dicker mit Glatze heraus.
Doch so, als suchte er etwas in seinen Taschen, und
geht zehn Sekunden vor dreizehn zwanzig
zurück, seine elenden Handschuhe holen.

Es ist dreizehn Uhr zwanzig.
Wie sie sich schleppt, die Zeit.
Wohl jetzt.
Noch nicht.
Ja, jetzt.
Die Bombe, sie geht hoch.

Mittelalterliche Miniatur

Über den allergrünsten Hügel,
im allerberittensten Gefolge,
in allerseidigsten Mänteln.

Zur Burg der sieben Türme,
und jeder ist allerhöchst.

Allen voran der Fürst,
aufs schmeichelhafteste unbeleibt,
neben dem Fürsten Frau Fürstin,
wunderbar jung, allerjüngst.

Danach ein paar Hofdamen,
wahrlich wie gemalt,
daneben ein allerknabenhaftester Page
und auf dem Arm des Pagen
etwas überaus Affiges mit
allerlustigstem Schnäuzchen
und Schwänzchen.

Dahinter gleich drei Ritter,
und jeder verzweifacht, verdreifacht,
und schaut der eine keck,
dann blickt der andere drall,
sitzt einer auf braunem Roß,
dann aber, Verehrtester, auf dem allerbraunsten,
und alle reiten, als streiften sie mit den Hüflein
die allerfeldweghaftesten Tausendschönchen.

Wer aber traurig, wer geplagt ist,
ein Loch im Ärmel, ein Schielauge hat,
der fehlt hier am allerdeutlichsten.

Kein allereinzigstes der Probleme,
ob bürgerlich oder bäuerlich,
ist an diesem allerblauesten Himmel zu sehen.

Nicht einmal den klitzekleinsten Galgen
erspäht das falkenhafteste Auge,
nicht eine Spur vom Schatten des Zweifels.

So ziehn sie denn goldigst dahin
in hochfeudalstem Realismus.

Dieser hatte immerhin für Gleichgewicht gesorgt:
Die Hölle hielt er für sie auf einem anderen Bildchen parat.
Oh, das verstand sich von
allerselbst.

Lob der Schwester

Meine Schwester schreibt keine Gedichte
und wird wohl nicht plötzlich Gedichte zu schreiben
    beginnen.
Sie hat's von der Mutter, die keine Gedichte schrieb,
und auch vom Vater, der keine Gedichte schrieb.
Unter dem Dach meiner Schwester fühl ich mich sicher:
Der Mann meiner Schwester schriebe um nichts in der
    Welt Gedichte.
Und klingt es auch wie ein Gedicht von A. Mazedonski,
niemand von meinen Verwandten betreibt Poesie.

In den Schubladen meiner Schwester gibt's keine alten
    Gedichte,
in ihrer Handtasche auch keine frisch geschriebnen.
Und lädt meine Schwester ein zum Mittag,
dann nicht um Gedichte vorzulesen, das weiß ich.
Ihre Suppen sind vorzüglich ohne Hintergedanken,
und der Kaffee tropft niemals auf Manuskripte.

In vielen Familien schreibt niemand Gedichte,
und wenn – dann kaum eine Person allein.
Manchmal fließt Poesie in Geschlechterkaskaden daher,
was in den Gefühlen gegenseitig mißliche Wirbel verursacht.
Meine Schwester pflegt eine nicht üble mündliche Prosa,
die Urlaubskarten sind ihre ganze Schriftstellerei,
darin sie jedes Jahr dasselbe verspricht:
sie werde nach ihrer Rückkehr
alles, alles,
alles erzählen.

Einsiedelei

Du dachtest, der Einsiedler wohne in einer Wüste,
aber er wohnt im Häuschen mit Garten
im lustigen Birkenwäldchen,
zehn Minuten von der Chaussee,
den markierten Pfad entlang.

Du mußt nicht heimlich nach ihm von weitem durchs
    Fernglas spähen,
du kannst ihn ganz nahe sehen, hören,
wie er einer Gruppe aus Wieliczka geduldig erklärt,
warum er die strenge Einsamkeit wählte.

Er hat eine graubraune Kutte,
den langen, weißen Bart,
rosige Wangen
und blaue Augen.
Er erstarrt vor dem Rosenstrauch
für ein Farbfoto gern.

Stanley Kowalik aus Chicago schießt gerade.
Er verspricht, einen Abzug zu schicken.

Inzwischen trägt sich die wortkarge Oma aus Bydgoszcz,
die niemand, außer den Inkassanten, besucht,
ins Gästebuch ein:
Gott sei's gelobt,
daß Er im Leben
mich einen echten Einsiedler sehen ließ.

Die Jugend trägt sich ein in die Baumrinde mit dem Messer:
Spiritualsi 75 Treffpunkt unten.

Was ist nur mit Bari los, wo steckt denn Bari.
Bari liegt unter der Bank und gefällt sich als Wolf.

Frauenbildnis

Sie hat auswählbar zu sein.
Sich zu verändern, damit sich ja nichts verändert.
Das ist leicht, unmöglich, schwer, lohnt den Versuch.
Ihre Augen sind, wenn es sein muß, mal blau, mal grau,
dann schwarz, lustig, grundlos mit Tränen gefüllt.
Sie schläft mit ihm wie die erstbeste, die einzige auf der Welt.
Sie wird ihm vier Kinder gebären, keine Kinder, eins.
Naiv, doch sie rät am besten.
Schwach, aber sie trägt es.
Fehlt ihr ein Kopf im Nacken, dann besorgt sie sich einen.
Ihre Lektüre sind Jaspers und Frauenjournale.
Sie weiß nicht, wozu dieses Schräubchen gut ist, aber sie
    baut eine Brücke.
Jung, wie üblich jung, noch immer jung.
Sie hält einen Spatz mit gebrochenem Flügel in Händen,
eigenes Geld für die weite und lange Reise,
das Hackmesser, die Kompresse, ein Gläschen Klaren.
Wo rennt sie so hin, ist sie nicht müde?
Doch nein, nur ein wenig, ziemlich, es macht nichts.
Entweder sie liebt ihn oder sie trotzt.
Zum Guten, zum Unguten, zum Gotterbarm.

Rezension eines nicht geschriebenen Gedichts

Gleich zu Beginn
stellt die Autorin fest, daß die Erde klein ist,
der Himmel dagegen übertrieben groß,
und Sterne, ich zitiere: »gibt es dort mehr als genug«.

In der Beschreibung des Himmels scheint die Autorin
    etwas ratlos,
verliert sich im furchtbaren Weltraum,
befremdet ob der Starre der vielen Planeten,
und deshalb regt sich in ihrem (wir fügen hinzu:
    unexakten) Verstand
bald die Frage,
ob wir nicht doch die einzigen seien
unter der Sonne, ja unter allen Sonnen der Welt?

Zum Trotz der Wahrscheinlichkeitsrechnung!
Der heute weltweiten Überzeugung!
Trotz der unschlagbaren Beweise, die jeden Augenblick
den Menschen in die Hand fallen können! Ach, Poesie.

Inzwischen kehrt unsere Prophetin auf die ERDE zurück,
den Planeten, der möglicherweise »ohne Zeugen rollt«,
zur einzigen »Science fiction, die sich der Kosmos
    leistet«.
Pascals Verzweiflung (1623-1662, Anm. d. R.),
meint die Autorin, sei konkurrenzlos
auf jeder Art Andromeda oder Kassiopeia.

Ausschließlichkeit vergrößert und verpflichtet,
die Frage taucht auf, wie leben et cetera,
denn »dieses wird die Leere für uns nicht entscheiden«.
»Mein Gott, ruft der Mensch zu Sich Selbst,
erbarme dich meiner, erleuchte . . .«
Es quält die Autorin, ans leicht vergeudete Leben zu
    denken,
als sei dessen Vorrat endlos.
An Kriege, die – wie sie beharrlich behauptet –
immer auf beiden Seiten verloren werden.
An das »Bestaaten« (sic!) der Menschen durch Menschen.
Moralische Absicht durchschimmert das Werk . . .
Bei einer minder naiven Feder blitzte sie möglicherweise
    heller.

Leider, nun ja. Diese im Grunde riskante These
(ob wir nicht doch die einzigen seien
unter der Sonne, ja unter allen Sonnen der Welt),
und ihre stilistisch lässige Entfaltung
(Gemisch von Erhabenheit und Jargon),
bewirken sie denn, daß jemand dem glaubt?
Mit Sicherheit niemand. Eben.

Warnung

Nehmt keine Spötter mit in den Kosmos,
das rat ich euch.

Vierzehn tote Planeten,
einige Kometen, zwei Sterne,
und schon unterwegs zum dritten
verlieren die Spötter den Humor.

Der Kosmos ist, wie er ist,
das heißt vollkommen.
Die Spötter verzeihen ihm das nie.

Nichts wird sie freuen:
die Zeit – weil zu ewig,
die Schönheit – weil ohne Makel,
der Ernst – weil witzlos.
Alle werden staunen,
nur sie werden gähnen.

Unterwegs zum vierten Stern
wird es noch schlimmer.
Saures Lächeln,
Schlaf- und Gleichgewichtsstörung,
dumme Gespräche:
daß der Rabe mit dem Käse im Schnabel,
daß die Fliegen auf dem Bildnis des Durchlauchtigsten Herrn
oder der Affe im Bade
– na ja, das war ein Leben.

Spötter sind beschränkt.
Ziehn den Donnerstag der Ewigkeit vor.

Primitiv.
Mögen die falsche Note mehr als die Sphärenmusik.
Am wohlsten fühlen sie sich in der Ritze zwischen
    Theorie und Praxis,
Ursache und Wirkung,
das aber ist keine Erde, und hier fügt sich alles.

Auf dem dreißigsten Planeten
(in puncto Wüstenhaftigkeit tadellos)
weigern sie sich sogar, die Kabinen zu verlassen,
weil der Kopf, weil ein Finger sie schmerzt.

Nichts als Schererei und Schande.
So viel Geld hinausgeworfen in den Kosmos.

Zwiebel

Was anderes die Zwiebel.
Ohne Innerei.
Durch und durch Zwiebel,
hochgradig Zwiebelei.
Zwiebelhaft von außen,
zwiebelig bis zum Kern,
sieht ohne Entsetzen
sie sich selbst intern.

In uns Wildheit und Fremde,
kaum von Häuten bedeckt,
Inferno des Internen,
gewaltsame Anatomie;
und in der Zwiebel die Zwiebel,
kein Geschlinge von Därmen.
Sie ist mehrfach nackt,
zutiefst ähnlich wie.

Widerspruchslose Tugend,
wohlgeratenes All.
In einer steckt einfach noch eine,
in der größeren eine kleine,
in der nächsten die folgende,
das heißt dritte und vierte.
Zentripetale Fuge.
Chor aus Widerhall.

Die Zwiebel, jawohl: ganz
der schönste Bauch der Welt.
Sie umflicht mit Aureolen
sich selbst zum Glanz.
In uns – Fett, Nerven, Adern,
Schleim, Sekrete in jedem Trakt.
Die Idiotie der Vollkommenheit
ist uns versagt.

Apfelbäumchen

Im Paradies, im Mai, unterm Apfelbäumchen,
das sich vor Blüten wie vor Lachen schüttelt,

des Guten und Bösen unbewußt,
dazu die schönen Zweige zuckt,

niemandes eigen, wer auch immer sagte, es gehöre ihm,
trägt es nur eine Ahnung von Früchten,

nicht wißbegierig, welches Jahr, wes Land,
was für ein Planet und wohin er rolle,

wenig mir anverwandt, so vollkommen anders,
daß es mich weder tröstet noch ängstigt,

gleichgültig, was auch immer geschehe,
mit jedem Blättchen vor Gelassenheit zitternd,

unbegreiflich, als würd ich es träumen
oder als träumte mir alles außer ihm,
allzu gefällig und selbstgefällig –

noch darunter bleiben, nicht nach Hause gehen.
Nach Hause zurück wollen nur die Gefangenen.

Lob der schlechten Selbsteinschätzung

Der Mäusefalke findet sich wohlgeraten.
Den schwarzen Panther lassen Skrupel kalt.
Piranhas zweifeln nicht am Sinn ihrer Taten.
Die Klapperschlange akzeptiert sich ohne Vorbehalt.

Einen selbstkritischen Schakal gibt es nicht.
Heuschrecke, Alligator, Trichine, alles, was kreucht und
    schleicht,
lebt, wie es lebt, und ist zufrieden.

Hundert Kilo wiegt das Herz des Wals,
in anderer Hinsicht aber ist es leicht.

Es gibt hinieden
auf dem dritten Sonnenplaneten
nichts was tierischer wäre als das reine Gewissen.

Ein Leben im Handumdrehen

Ein Leben im Handumdrehen.
Eine Aufführung ohne Probe.
Ein Körper von der Stange.
Ein Schädel ohne Bedacht.

Ich kenne die Rolle, die ich spiele, nicht.
Ich weiß nur, sie ist unauswechselbar mein.

Wovon das Stück handelt,
werde ich erst auf der Bühne erraten.

Dürftig gerüstet dem Leben zum Ruhm,
ertrage ich das mir aufgezwungene Tempo der Handlung
    mit Mühe.
Ich improvisiere, obwohl mich das Improvisieren ekelt.
Ich stolpere auf Schritt und Tritt über meine Unkenntnis
    der Dinge.
Mein Lebenslauf schmeckt nach Provinz.
Meine Instinkte sind Dilettantismus.
Das Lampenfieber, das für mich spricht, demütigt um so
    mehr.
Die mildernden Umstände scheinen mir grausam.

Nicht rücknehmbar sind die Worte und Gesten,
die Sterne nicht zählbar,
und der Charakter, gleich einem Mantel, im Laufen zu
    Ende geknöpft –
das sind die kläglichen Folgen dieser Eile.
Probte man wenigstens rechtzeitig einen Mittwoch,

oder man wiederholte den Donnerstag doch!
Aber schon naht der Freitag mit der mir fremden Rolle.
Ist das in Ordnung – frag ich
(mit heiserer Stimme,
denn nicht einmal hüsteln durfte ich hinter Kulissen).

Es täuscht der Gedanke, die Prüfung sei Nebensache,
in einen provisorischen Raum verwiesen. Nein.
Ich steh im Bühnenbild und seh, wie solide es ist.
Die Präzision verschiedener Requisiten fällt auf.
Der Drehmechanismus funktioniert seit geraumer Zeit.
Sogar die entferntesten Nebel sind angezündet.
Kein Zweifel, es ist die Premiere.
Und was ich auch tue,
verwandelt sich ein für alle Male in das, was ich tat.

Am Styx

Das, mein Einzelseelchen, ist der Fluß Styx,
sieh, Seelchen, und staune.
Aus Lautsprechern dröhnt Charons Baß-Posaune,
die unsichtbare Hand der aus dem irdischen Wald
    verscheuchten Nymphe
(alle arbeiten hier schon länger)
will dich ans Ufer drängen.
Du siehst in dem Flutlicht jedes Detail
vom eisenbetonverkleideten Kai
und Hunderte von Motorbooten statt jenes Kahns
aus dem jahrhundertemorschen Holz.
Das sind die Folgen des menschlichen Fortpflanzungswahns,
mein Seelchen, mein Stolz.
Mit großem Schaden für die Paysage
türmte sich am Wasser Etage auf Etage.
Die kollisionsfreie Seelenüberfahrt
(Millionen Passagiere Jahr für Jahr)
wäre undenkbar
ohne Lagerhäuser, Büros und Docks aller Art.
Hermes, mein farbenprächtiges Seelchen,
muß Jahre im voraus planen,
wo welche Kriege stattfinden, welche Tyrannen,
und danach den Bootsbedarf berechnen.
Ans andere Ufer gelangst du gratis,
nur aus Sympathie für die antike Mythe
stehen hier beschriftete Sparbüchsen pietatis:
»Nur Münzen, keine Knöpfe, bitte.«
Du steigst ins Boot Tau dreißig ein,
in dem Revier Strich Sigma vier.

Du findest noch Platz im Mief der andren Seelen,
wie die Notwendigkeit und der Computer es befehlen.
Im Tartarus siehst du das Großgedränge wachsen;
für diesen Andrang aber fehlt es ihm an Tiefe.
Es gibt Bewegungsmangel, Kleiderknitterfalten,
kaum einen Tropfen noch in Lethes Kapsel.
Mein Seelchen, nur die nichts vom Jenseits halten,
haben die weitere Perspektive.

Utopia

Insel, auf der sich alles klärt.

Hier steht man auf dem Boden der Beweise.

Hier gibt es keine anderen Wege außer dem Weg des
Zugangs.

Die Sträucher sind brechend voll Antwort.

Hier wächst der Baum der Richtigen Aussicht
mit den für ewig entworrenen Zweigen.

Der blendend einfache Baum der Einsicht
am Quell, genannt Ach So Ist Das Also.

Je tiefer waldeinwärts, um so breiter liegt
das Tal der Selbstverständlichkeit offen.

Und gibt's einen Zweifel, dann
wird er vom Winde zerstäubt.

Das Echo meldet sich ungerufen zu Wort
und klärt die Weltgeheimnisse willig.

Rechts ist die Höhle, dort lagert der Sinn.

Links liegt der See der Tiefen Überzeugung.
Die Wahrheit löst sich vom Urgrund und schwimmt
mühelos nach oben.

Über das Tal erhebt sich die Unbeugsame Gewißheit.
Von ihrem Gipfel breitet sich aus der Sinn der Dinge.

Die Insel ist leer, allen Reizen zum Trotz,
die an den Ufern sichtbaren kleinen Spuren
von Füßen führen ausnahmslos hin zum Meer.

Als ginge man hier nur fort
und tauchte in den Fluten unter ohne Rückkehr.

In Wirklichkeit gar nicht zu fassen.

Die Zahl Pi

Bewundernswert ist die Zahl Pi
drei Komma eins vier eins.
Auch alle Folgeziffern sind nur Anfang,
fünf neun zwei, weil sie nie ein Ende findet.
Sie läßt sich nicht einfangen *sechs fünf drei fünf* mit
    einem Blick,
acht neun mit einer Berechnung,
sieben neun mit der Phantasie,
sogar *drei zwei drei acht* mit einem Scherz, das heißt
    Vergleich
vier sechs mit irgend etwas
zwei sechs vier drei in der Welt.
Die längste Schlange der Erde reißt nach ein paar
    Metern ab.
Ähnlich, zwar etwas später, tun's die Fabelschlangen.
Der Zug der Ziffern, aus denen die Zahl Pi besteht,
hält nicht am Rande des Zettels an,
er zieht sich über den Tisch hinaus, durch die Lüfte,
durch Mauern, Blätter, Vogelnester, Wolken, stracks
    zum Himmel,
durch alle Aufgeblasenheit und Bodenlosigkeit des Himmel
O wie kurz, wie mauskurz ist der Kometenschweif!
Wie schwach der Strahl des Sterns, daß er sich krümmt im
    erstbesten Raum!
Und hier *zwei drei fünfzehn dreihundert neunzehn*
meine Fernsprechnummer deine Kragenweite
das Jahr eintausendneunhundertdreiundsiebzig sechster
    Stock
Einwohnerzahl fünfundsechzig Groschen

der *Hüftumfang zwei Finger* Scharade und Chiffre,
in welcher *mein Nachtigallchen, flieg und sing*
ebenso *bitte Ruhe bewahren*
oder *Himmel* und *Erde vergehn,*
aber nicht die Zahl Pi, oh, nein, die nicht,
sie hat noch ihre gar nicht üble *fünf,*
nicht beliebige *acht,*
nicht letzte *sieben,*
wenn sie, ach, wenn sie die träge Ewigkeit antreibt zum
    Dauern.

Menschen auf der Brücke

Ludzie na moście
1986

Lampenfieber

Die Schriftsteller und die Dichter – heißt es allgemein.
Die Dichter sind also – keine Schriftsteller, sondern?
Die Dichter sind für die Dichtung. Die Schriftsteller für
    die Prosa.
Prosa läßt alles zu, auch Dichtung,
doch Dichtung nichts als Dichtung, heißt es.

Gemäß dem Aushang, der sie anzeigt
mit großem D im Jugendstilgeschnörkel,
schön eingezeichnet in die Saiten einer beschwingten Lyra,
müßt ich den Saal befliegen eher als betreten

und besser barfuß
als in diesem Schuhwerk aus der Kleinstadt,
das klopft und knarrt
in unbeholfener Vertretung eines Engels.

Wäre mein Kleidchen schleppenhafter wenigstens, länger,
und kämen die Gedichte statt aus meiner Handtasche
        gleich aus dem Ärmel,
vom Fest, vom großen Läuten, der Parade,
vom Bim zum Bam
ab ab ba.

Doch auf dem Podium lauert schon das Tischchen
fast spiritistisch auf vergoldeten Beinchen,
und Kerzen qualmen darauf,

das heißt, ich soll bei Kerzenlicht lesen,
was ich unter der einfachen Birne
tipp tipp auf meiner Schreibmaschine tippte.

Ohne mir rechtzeitig darüber den Kopf zu zerbrechen,
ob es Dichtung ist
und wie diese Dichtung ist,

Eine, in der die Prosa ungern gesehen wird,
Eine, die in der Prosa gern gesehen wird,

Und was der Unterschied ist,
deutlich nur noch im Halbdunkel
vor dem weinroten Vorhang
mit den violetten Fransen?

Überfluß

Ein neuer Stern ist entdeckt,
was nicht bedeutet, es wäre heller geworden
und etwas, was fehlte, wäre hinzugekommen.

Der Stern ist groß und fern,
so fern, daß wiederum klein,
kleiner sogar als die andern,
die noch viel kleiner sind.
Verwunderung wäre hier nicht verwunderlich,
hätten wir dafür Zeit.

Das Alter des Sterns, die Masse des Sterns, die Lage des
        Sterns,
das alles reicht womöglich zu einer Doktorarbeit
und für ein bescheidenes Gläschen Wein
in dem Himmel nahestehenden Kreisen –
dem Astronom, seiner Frau, den Verwandten und den
        Kollegen –
ohne Kleiderzwang, bei aufgelockerter Stimmung.
Lokale Themen beherrschen die Konversation,
und Erdnüsse werden geknabbert.

Der Stern ist herrlich,
aber das ist noch kein Grund,
aufs Wohl der Damen, die uns unvergleichlich näher
        stehen, nicht anzustoßen.

Ein Stern ohne Konsequenz.
Ohne Einfluß aufs Wetter, die Mode, das Spielergebnis,
aufs Einkommen, den Regierungswechsel, die Krise der
    Werte.

Ohne Folgen für die Propaganda, die Schwerindustrie.
Ohne Abbild auf der Politur am Konferenztisch.
Überzählig für die gezählten Tage.

Wozu hier fragen,
unter wie vielen Sternen der Mensch geboren werde,
unter wie vielen Sternen er etwas später sterbe?

Ein neuer.
»Zeige mir wenigstens, wo er ist.«
»Zwischen dem Rand dieses grauen, ausgefransten
Wölkchens und jenem Akazienzweig, weiter links, ja dort.«
Ich sage »Aha«.

Archäologie

Je nun, armer Mensch,
auf meinem Gebiet vollzog sich der Fortschritt.
Jahrtausende sind vergangen,
seitdem du mich Archäologie genannt hast.

Ich brauche keine Götter mehr
aus Stein
und Ruinen mit deutlicher Inschrift.

Zeig mir dein was es auch sei
und ich sage dir, wer du warst.
Ein Boden von etwas,
ein Deckel für etwas.
Überbleibsel vom Triebwerk. Ein Bildröhrenhals.
Ein Stückchen Kabel. Verstreute Finger.
Es kann auch weniger, viel weniger sein.

Nach einer Methode,
die du damals noch nicht kennen konntest,
vermag ich das Gedächtnis zu wecken
in zahllosen Elementen.
Blutspuren sind ewig.
Lüge leuchtet.
Chiffren der Dokumente breiten sich aus.
Absichten und Zweifel kommen zum Vorschein.

Wenn ich nur will
(ob ich will,
dessen solltest du bis zuletzt nicht zu sicher sein),

blicke ich in die Kehle deines Schweigens,
welche Aussichten du hattest,
lese ich dir aus der Augenhöhle,
ich erinnere dich mit kleinsten Einzelheiten daran,
auf was du im Leben, außer auf den Tod, gewartet hast.

Zeig mir dein Nichts,
das von dir blieb,
ich füge daraus den Wald und die Autobahn,
den Flughafen, die Gemeinheit, den Zartsinn
und das verschollene Haus.

Zeig mir dein Gedichtchen,
und ich sage dir, warum es
weder früher noch später entstanden ist.

Nicht doch, du mißverstehst mich.
Behalte dieses lächerliche Papier
mit Buchstaben darauf.
Mir genügt
deine Schicht Erde
und der vor Zeit und Urzeit verwitterte Brandgeruch.

Landschaft mit Sandkorn

Nennen wir es Sandkorn.
Es selbst aber nennt sich weder Sand noch Korn.
Es kommt ohne allgemeinen,
besonderen, vorübergehenden,
ständigen, vermeintlichen
oder eigentlichen Namen aus.

Unsre Blicke, Berührungen bedeuten ihm nichts.
Es fühlt sich weder gesehen noch berührt.
Und daß es aufs Fensterbrett fiel,
ist lediglich unser, nicht sein Abenteuer.
Es gilt ihm so viel, wie herunterzufallen, wohin auch immer,
ohne die Gewißheit, ob es schon gefallen ist
oder erst fällt.

Das Fenster eröffnet einen herrlichen Ausblick auf den See,
doch der Ausblick sieht sich selbst nicht.
Er findet alles farblos, formlos,
lautlos, geruchlos
und schmerzlos in dieser Welt.

Grundlos fühlt sich der Seegrund
und uferlos das Ufer.
Weder naß noch trocken das Wasser.
Weder ein- noch mehrfach die Wellen,
die da rauschen taub für das eigene Rauschen
rings um die weder kleinen noch großen Steine.

Und all das unter einem von Natur aus himmellosen
    Himmel,
an dem die Sonne untergeht, ohne je unterzugehen,
und sich versteckt, ohne sich zu verstecken hinter der
    ahnungslosen Wolke.
Der Wind zerzaust sie ohne einen anderen Grund als nur
    den einen, daß er weht.
Eine Sekunde vergeht.
Die zweite. Die dritte.
Aber das sind nur unsre drei Sekunden.

Die Zeit lief mit einer wichtigen Nachricht vorbei wie
    ein Bote.

Aber das ist nur unser Vergleich.
Erfunden ist die Gestalt, erdacht die Eile,
nicht menschlich die Nachricht.

Bekleidung

Du legst, wir legen, ihr legt ab
die Mäntel, Jacken, Röcke, Blusen
aus Wolle, Baumwolle, Kunststoffaser,
die Unterröcke, Hosen, Strümpfe, Wäsche,
legen sie hin, hängen sie auf, werfen sie über
die Stuhllehne, einen Flügel der spanischen Wand,
vorläufig, sagt der Arzt, ist's nichts Ernstes,
ziehn Sie sich an, ruhn Sie sich aus, verreisen Sie,
nehmen Sie im Falle daß, vor dem Schlaf, nach dem Essen,
kommen Sie in drei Monaten wieder, in einem Jahr,
    anderthalb,
siehst du, und du hast gemeint, und wir hatten Angst,
und ihr habt vermutet, und er hat geargwöhnt,
nun ist es Zeit, zu binden, zu schließen mit immer noch
    zitternden Händen
die Schnürsenkel, Druckknöpfe, Klämmerchen, Ösen,
Gürtel, Knöpfe, Krawatten, Kragen
und aus den Ärmeln, den Handtaschen, Taschen
das arg zerknüllte, getupfte, gestreifte, geblümte Halstuch
von plötzlich verlängerter Haltbarkeit wieder zu zücken.

Vom Tod ohne Übertreibung

Ihm sind Späße,
Sterne, Brücken, Webereien,
Bergbau, Feldarbeit,
Schiffsbau oder Kuchenbacken unbekannt.

Schmieden wir Pläne für morgen,
spricht er das letzte Wort
nicht zur Sache.

Er kann nicht einmal das,
was zu seinem Handwerk gehört:
ein Grab ausheben,
einen Sarg zimmern,
hinterher aufräumen.

Mit dem Töten beschäftigt,
tut er es linkisch,
ohne System und Übung.
Als müßte er's an jedem von uns noch erlernen.

Sieg hin, Sieg her,
doch wie viele Niederlagen,
Fehlschläge,
und immerzu neue Versuche!

Manchmal fehlt ihm die Kraft,
eine Fliege aus der Luft zu fangen.
Gegen manche Raupe
verliert er den Wettlauf im Kriechen.

All diese Knollen, Hülsen,
Fühler, Flossen, Atemröhren,
Festgefieder und Winterfelle
zeugen von Rückständen
seiner Plackerei.

Böser Wille genügt nicht,
sogar unser Beistand bei Kriegen und Rebellionen
half bis jetzt wenig.

In Eiern pochen Herzen.
Säuglingsskelette wachsen.
Samenkörner treiben die ersten beiden Blätter,
oft wachsen sie zu hohen Bäumen am Horizont.

Wer behauptet, der Tod sei allmächtig,
ist lebendiger Beweis dagegen.

Es gibt kein solches Leben,
das nicht wenigstens für einen Augenblick
unsterblich wäre.

Der Tod
kommt immer um diesen einen Augenblick zu spät.

Umsonst rüttelt er am Griff
der unsichtbaren Tür.
Er kann, was jemand erreicht hat,
nicht rückgängig machen.

Das Haus des großen Mannes

Es steht mit goldenen Lettern in Marmor gemeißelt:
Hier wohnte, schuf und starb der große Mann.
Die Fußwege streute er mit Kies persönlich aus.
Die Bank hat er selbst – Nicht berühren! – in Stein gehauen.
Und nun betreten wir – Achtung, drei Stufen! – die Wohnung.

Es gelang ihm, zur angemessenen Zeit auf die Welt zu
    kommen.
Alles, was vergehen mußte, verging in diesem Haus.
Nicht in Häuserblöcken,
in möblierten und dennoch leeren Quadratmetern,
unter fremden Nachbarn,
in fünfzehnten Stockwerken,
wo man eine Schulklasse schwerlich hinaufführen könnte.

In diesem Zimmer dachte er nach,
in diesem Alkoven schlief er,
und hier empfing er Gäste.
Bildnisse, Sessel, Schreibtisch, Pfeife, Globus, Flöte,
der abgetretene Teppich, die verglaste Veranda.
Von hier aus grüßte er den Schneider, den Schuster;
sie kleideten ihn nach Maß.

Das ist nicht das gleiche wie Fotos in Schachteln,
eingetrocknete Kugelschreiber in einer Plastikdose,
Kaufhauskonfektion in einem Kaufhausschrank,
ein Fenster, aus dem man die Wolken besser sieht als
die Menschen.

Glücklich? Unglücklich?
Nicht darum geht's.

Noch vertraute er sich in Briefen an,
ohne zu bedenken, sie könnten unterwegs geöffnet werden.

Noch führte er Tagebuch, genau und offen,
ohne zu befürchten, es bei der Durchsuchung einzubüßen.
Am meisten beunruhigte ihn der Vorbeiflug eines Kometen.
Der Weltuntergang lag allein in Gottes Hand.

Es war ihm eben noch gelungen, nicht im Spital zu sterben,
hinter der weißen wer weiß wievielten Trennwand.
Noch war jemand bei ihm, der die gemurmelten Worte
im Gedächtnis behielt.

Als wäre ihm das Leben zu mehrfachem Gebrauch
zugeteilt:
Namen der Verstorbenen strich er im Notizbuch nicht durch.
Und die Bäume, die er im Garten hinter dem Haus
    gepflanzt hatte,
wuchsen ihm weiter als Inglaus regia
und Quercus rubra und Ulmus und Larix
und Fraxinus excelsior.

Am hellichten Tag

Ins Erholungsheim in die Berge würde er fahren,
zum Mittagessen im Speisezimmer käme er herunter,
diese vier Fichten, Zweig für Zweig,
ohne den frischen Schnee von ihnen abzuschütteln,
würde er von seinem Tisch am Fenster betrachten.

Mit dem spitz gestutzten Bart,
etwas kahl, ergraut, mit Brille,
mit rundlich gewordenen, müden Zügen im Gesicht,
mit einer Warze auf der Wange und mit faltiger Stirn,
als läge Lehm auf dem Engelsmarmor –
und wann das geschah, hätte er selbst nicht gewußt,
weil doch der Preis dafür, daß man nicht früher
        gestorben ist,
keinesfalls plötzlich, sondern allmählich steigt,
und er würde diesen Preis ebenfalls zahlen müssen.
Vom Ohrknorpel, kaum von der Kugel gestreift
– als sich der Kopf im letzten Augenblick seitlich neigte –
würde er sagen »ich hatte verdammtes Glück«.

Auf die Nudelbrühe wartend,
würde er die Tageszeitung lesen,
die Schlagzeilen, Kleinanzeigen,
oder er würde auf die weiße Tischdecke trommeln,
und seine Hände hätten, seit langem gebraucht,
schrundige Haut mit geschwollenen Adern.

Ab und zu würde jemand von der Schwelle rufen:
»Herr Baczyński, ein Anruf für Sie«,
und das wäre nicht seltsam,
daß es für ihn ist und daß er aufsteht, den Pullover glattzieht
und ohne Eile in Richtung der Tür geht.

Die Gespräche würden bei diesem Anblick nicht
    unterbrochen,
mitten in der Handbewegung und mitten im Atemzug
    würde niemand erstarren,
weil jeder diesen gewöhnlichen Vorfall, was schade ist,
    schade,
als einen gewöhnlichen Vorfall nähme.

Das kurze Leben unserer Ahnen

Nicht viele haben das dreißigste Jahr erlebt.
Das Alter war ein Privileg der Steine und Bäume.
Die Kindheit dauerte nur ein Welpenalter der Wölfe.
Man mußte sich eilen, zu leben,
bevor die Sonne sank,
bevor der erste Schnee fiel.

Die dreizehnjährigen Kindergebärerinnen,
die vierjährigen Sucher nach Vogelnestern im Schilf,
die zwanzigjährigen Anführer einer Jagd.
Noch gab es sie nicht, schon gibt es sie nicht.
Rasch wuchsen die Enden der Unendlichkeit zusammen.
Die Hexen kauten Beschwörungen
noch auf allen Zähnen der Jugend.
Der Sohn wurde vor den Augen des Vaters zum Mann,
der Enkel vor Großvaters Augenhöhlen geboren.

Ihre Jahre zählten sie übrigens nicht.
Sie zählten die Netze, Töpfe, Zelte, Beile.
Die Zeit, so freigiebig für den beliebigen Stern am Himmel,
streckte ihnen eine fast leere Hand entgegen
und zog sie eilig zurück, als tät es ihr leid.
Noch einen Schritt, noch zwei
längs des glitzernden Flusses,
der aus dem Finsteren fließt und der im Finsteren schwindet.

Es gab keinen Augenblick zu verlieren,
keine Fragen zurückzustellen, keine spätere Offenbarung,
falls sie nicht rechtzeitig wahrgenommen wurden.

Die Weisheit konnte nicht warten auf graue Haare.
Sie mußte hell sehen, bevor es hell ward,
und jegliche Stimme hören, bevor sie erklang.

Das Gute und Böse –
sie wußten wenig davon, aber alles:
Siegt das Böse, verbirgt sich das Gute.
Kommt das Gute zum Vorschein, dann lauert das Böse
    im Hinterhalt.
Das eine wie andre ist nicht zu bezwingen,
noch von sich zu weisen in eine endgültige Ferne.
Deshalb, wenn Freude, dann mit einem Zusatz von Bange.
Und wenn Verzweiflung, dann nie ohne stille Hoffnung.
Das Leben, sei es auch lang, wird immer kurz sein.
Zu kurz, um ihm etwas hinzuzufügen.

Das erste Foto

Wer ist denn dieser Süße im Strampelanzug?
Das ist ja Klein Adi, der Sohn der Hitlers!
Vielleicht wird aus ihm ein Doktor der Rechte?
Vielleicht ein Tenor an der Wiener Oper?
Wem dieses Patschhändchen, Öhrchen, Äuglein, das Näschen,
    das Hälschen,
das milchgefüllte Bäuchlein einmal gehören werden, ist
    noch nicht bekannt.
Vielleicht einem Buchdrucker, einem Kaufmann, Pfarrer,
    Medizinalrat?
Wo nur die komischen Beinchen einmal hinwandern werden,
    wohin?
Ins Gärtchen, zur Schule, ins Amt, zur Trauung –
vielleicht mit der Tochter des Bürgermeisters?

Du Bübchen, Engelchen, Sonnenscheinchen, Krümchen.
Als er geboren wurde vor einem Jahr,
fehlten die Zeichen am Himmel und auf Erden nicht;
Aprilsonne, Pelargonien in den Fenstern,
Leierkastenmusik im Hof,
die günstige Prophezeiung auf blaßrosa Seidenpapier,
kurz vor der Niederkunft der prophetische Traum der Mutter:
Ein Täubchen im Traum zu sehen bedeutet Gutes,
es fangen – dann steht ein lang erwarteter Gast ins Haus.
Klopf, klopf, wer ist da, so klopft das Herzchen von Adi.

Der Schnuller, die Windel, das Lätzchen, die Rassel,
der Bub ist, gottlob und unberufen, gesund,
er ähnelt den Eltern, dem Kätzchen im Korb,
den Kindern aus andren Familienalben.
Na na, wer wird denn gleich weinen, gut so,
der Herr Fotograf unterm schwarzen Tuch macht klick.

Klingersches Atelier an der Grabenstraße, Braunau.
Braunau ist eine nicht allzu große, altwürdige Stadt.
Solide Firmen, biedere Nachbarn,
Geruch von Hefeteig, Kernseife und so fort.
Kein Hundegeheul, keine Schicksalsschritte.
Der Lehrer für Geschichte lockert den Kragen
und beugt sich gähnend über die Schülerhefte.

Das Ende eines Jahrhunderts

Es hatte besser sein sollen als die vergangenen,
unser 20. Jahrhundert.
Ihm bleibt keine Zeit mehr, das zu beweisen,
gezählt sind die Jahre,
der Schritt schwankt,
der Atem geht kurz.

Zu viel ist geschehen,
was nicht hat geschehen sollen,
und was hat kommen sollen,
kam leider nicht.

Es ging auf den Frühling zu, hieß es,
und, unter andrem, aufs Glück.

Die Angst hatte Berge und Täler verlassen sollen,
die Wahrheit schneller am Ziel
sein als alle Lügen.

Einige Unglücksfälle
sollten nicht mehr geschehen,
zum Beispiel Krieg,
Hunger und so.

Die Wehrlosigkeit der Wehrlosen,
das Vertrauen und so weiter
sollten Achtung genießen.

Wer sich an der Welt hat freuen wollen,
steht vor der Aufgabe,
die nicht zu erfüllen ist.
Die Dummheit ist gar nicht zum Lachen,
die Klugheit ist gar nicht lustig.
Die Hoffnung ist nicht mehr das junge Mädchen
etcetera, cetera, leider.

Gott sollte endlich glauben dürfen
an einen Menschen, der gut ist und stark,
aber der Gute und Starke
sind immer noch zweierlei Menschen.

Wie leben? – fragte im Brief
mich jemand, den ich dasselbe
hab fragen wollen.

Weiter und so wie immer,
wie oben zu sehn,
es gibt keine Fragen, die dringlicher wären
als die naiven.

Kinder der Zeit

Wir sind Kinder der Zeit,
die Zeit ist politisch.

Alle deine, unsere, eure
Tagesgeschäfte, Nachtgeschäfte
sind politisch.

Ob du es willst oder nicht,
die Vergangenheit deiner Gene ist politisch,
die Haut hat politischen Schimmer,
die Augen politischen Aspekt.

Wovon du sprichst, hat Resonanz,
wovon du schweigst, ist beredt,
so oder anders politisch.

Sogar wenn du gehst, im Wald und auf der Heide,
setzt du politische Schritte
auf politischem Boden.

Die apolitischen Verse sind auch politisch,
und oben scheint der Mond,
ein Objekt, nicht mehr lunatisch.
Sein oder nicht sein, das ist hier die Frage.
Doch welche Frage, Liebling, sage.
Eine politische Frage.

Du mußt nicht einmal ein menschliches Wesen sein,
um politisch bedeutsam zu werden.
Es genügt, du bist Rohöl,
Futtermittel oder Kunststoff.
Oder Konferenztisch, um dessen Form
monatelang gestritten wurde.
Wie hat er zu sein, wenn man über Leben und Tod
    verhandelt:
rund oder eckig.

Inzwischen fielen Menschen,
krepierten Tiere,
verbrannten Häuser
und verwilderten Felder
wie in den uralten,
nicht gar so politischen Zeiten.

Folter

Geändert hat sich nichts;
der Körper ist schmerzempfindlich,
muß essen, atmen und schlafen,
unter der dünnen Haut fließt Blut,
er hat einen ziemlichen Vorrat an Zähnen und Nägeln,
seine Knochen sind brüchig, die Gelenke streckbar.
Das alles wird bei der Folter bedacht.

Geändert hat sich nichts;
der Körper zittert, wie er gezittert hat
vor der Gründung Roms und nach seiner Gründung,
im zwanzigsten Säkulum vor und nach Christi Geburt,
die Folter ist, wie sie war, nur die Erde ist kleiner,
und was immer geschieht, ist so, als wäre es gleich nebenan.

Geändert hat sich nichts;
es gibt nur mehr Menschen,
zu den alten Vergehen kamen neue hinzu,
wirkliche, eingeredete, zeitweilige und keine,
aber der Schrei, mit dem der Körper sie büßt,
war, ist und bleibt ein Schrei der Unschuld,
gemäß der ewigen Skala und des Registers.

Geändert hat sich nichts;
wohl nur die Manieren, Zeremonien, Tänze.
Die Handbewegung derer, die ihren Kopf
schützen wollen, blieb die gleiche.
Der Körper windet sich, bäumt sich auf, reißt sich los,
knickt in den Knien zusammen, fällt,
wird blau, schwillt an und speichelt und blutet.

Geändert hat sich nichts;
nur der Lauf der Flüsse,
die Kontur der Wälder, Gestade, Küsten und Gletscher.
In diesen Landschaften streunt unsre Seele,
verschwindet, kommt wieder, mal näher, mal ferner,
sich selber fremd, unbegreifbar,
mal sicher, mal unsicher ihres Daseins,
während der Körper ist und ist und ist
und nicht weiß wohin.

Heimlichkeiten mit den Toten

Bei welcher Gelegenheit träumen dir Tote?
Denkst du an sie, bevor du einschläfst, oft?
Wer erscheint dir als erster?
Immer derselbe?
Vorname? Name? Sterbedatum? Friedhof?

Worauf berufen sie sich?
Die alte Bekanntschaft? Verwandtschaft? Heimat?
Sagen sie, woher sie kommen?
Wer steht dahinter?
Und wem außer dir erscheinen sie noch im Traum?

Ob ihre Gesichter dem Lichtbild ähneln?
Sind sie im Laufe der Jahre gealtert?
Rüstig? Verhärmt?
Hatten die Wunden der Opfer Zeit zu vernarben?
Erinnern sie sich, wer ihnen das Leben stahl?

Was halten sie in der Hand – beschreib die Dinge.
Verrottet? Verrostet? Vermodert? Verkohlt?
Was steht in den Augen – Drohung? Bitte? Welche?
Redet ihr nur übers Wetter?
Vögel? Blumen? Schmetterlinge?

Stellen sie peinliche Fragen?
Was antwortest du ihnen dann?
Anstatt mit Umsicht zu schweigen?
Das Thema des Traums verlegen zu wechseln?
Rechtzeitig aufzuwachen?

Das Schreiben eines Lebenslaufs

Was ist zu tun?
Ein Antrag ist einzureichen,
dazu ein Lebenslauf.

Ungeachtet der Länge des Lebens
hat der Lebenslauf kurz zu sein.

Geboten sind Bündigkeit und eine Auswahl von Fakten.
Die Landschaften sind durch Anschriften zu ersetzen,
labile Erinnerungen durch konstante Daten.

Von allen Lieben genügt die eheliche,
nur die geborenen Kinder zählen.

Wichtig ist, wer dich kennt, nicht, wen du kennst.
Reisen, nur die ins Ausland.
Zugehörig wozu, aber ohne weshalb.
Preise, ohne wofür.

Schreibe, als hättest du niemals mit dir gesprochen
und dich von weitem gemieden.

Umgehe mit Schweigen Hunde, Katzen und Vögel,
den Erinnerungskleinkram, Freunde und Träume.

Es gilt der Preis, nicht der Wert,
der Titel, nicht dessen Inhalt,
die Schuhgröße, und nicht wo
der Mensch, für den man dich hält, hingeht.

Dazu eine Fotografie mit entblößtem Ohr.
Wichtig ist seine Form, nicht, was es hört.
Was es hört?
Das Knirschen des Papierwolfs.

Ein Wort zur Pornographie

Es gibt keine schlimmere Ausschweifung als das Denken.
Dieser Übermut wuchert wie das windblütige Unkraut
auf einem Beet, das für Gänseblümchen bestimmt war.

Wer denkt, dem ist überhaupt nichts heilig.
Die Dinge dreist beim Namen zu nennen,
das wüste Analysieren, die zuchtlosesten Synthesen,
nach nackten Fakten hemmungslos wild zu jagen,
heikle Themen lüstern betasten,
Ansichten laichen – das ist sein Spaß.

Am hellen Tag oder im Schutze der Nacht
verbinden sie sich zu Paaren, Dreiecken, Kreisen.
Beliebig ist hier das Geschlecht und das Alter der Partner.
Ihre Augen glänzen, ihre Wangen glühn.
Ein Freund bringt den andern zu Fall.
Die aus der Art geschlagenen Töchter verderben den Vater.
Der Bruder verkuppelt die jüngere Schwester.

Denen munden andere Früchte
vom verbotenen Baum der Erkenntnis
als die rosigen Hintern aus Illustrierten,
diese ganze im Grunde treuherzige Pornographie.
Die Bücher, die ihre Lust erregen, sind nicht bebildert.
Einzige Abwechslung bieten die ausgefallenen Sätze,
die man mit dem Fingernagel oder dem Buntstift anstreicht.

Schrecklich, in welchen Stellungen,
wie zügellos simpel
der eine Geist den anderen zu befruchten vermag!
Selbst dem Kamasutra sind solche Stellungen fremd.
Während dieses Beisammenseins kocht höchstens der Tee.
Die Menschen sitzen auf Stühlen, bewegen die Lippen.

Jeder schlägt sich selbst ein Bein übers andre.
Auf diese Weise berührt ein Fuß den Boden,
der zweite baumelt frei in der Luft.
Nur manchmal steht jemand auf,
geht ans Fenster
und guckt heimlich durch den Gardinenschlitz
auf die Straße.

Angefangene Erzählung

Wird ein Kind geboren,
ist die Welt noch nicht fertig.

Noch sind unsre Schiffe nicht aus Vinland zurück.
Noch liegt er vor uns, der St. Gotthard-Paß.
Wir müssen die Wachen täuschen in der Wüste Thar,
uns durchschlagen durch die Kanäle zur Mitte der Stadt,
Zugang finden zum König Harald Wetzstein
und auf den Sturz des Ministers Fouché warten.
In Acapulco erst
beginnen wir alles aufs neue.

Unser Vorrat an Verbandszeug, Streichhölzern,
Argumenten, Meßstangen und an Wasser ist erschöpft.
Uns fehlen Lastwagen und die Unterstützung der Mings.
Mit dieser Mähre ist der Sheriff nicht zu bestechen.
Es gibt bis jetzt keine Nachricht über die in das
        türkische Joch Verschleppten.
Uns fehlt für die Frostzeit eine wärmere Höhle:
und jemand, der die Harari-Sprache beherrscht.

Wir wissen nicht, wem in Ninive zu trauen ist,
welche Bedingungen der Fürst Kardinal uns stellen wird,
wessen Namen Berija noch in der Schublade hat.
Man sagt, Karl der Hammer werde im Morgengrauen
        zuschlagen.
In dieser Lage laßt uns Cheops beschwichtigen,
uns freiwillig melden,
den Glauben wechseln,

so tun, als seien wir Freunde des Dogen,
und so, als binde uns an den Stamm der Quadi nichts.

Es wird Zeit, die Feuer anzuzünden.
Ruft die Oma per Telegramm aus Zabierzów her.
Löst die Knoten an den Seilen der Jurten.

Die Geburt des Kindes sei leicht,
und das Kind gedeihe.
Es sei manchmal glücklich
und überspringe die Klüfte.
Sein Herz habe Ausdauer,
und der Verstand sei wachsam und reiche weit.

Doch nicht so weit,
daß es die Zukunft sieht.
Diese Gabe
erspart ihm, himmlische Mächte.

In die Arche

Langer Regen setzt ein.
In die Arche, wohin denn sonst,
ihr Gedichte für eine Stimme,
private Freudentaumel,
überflüssige Talente,
unnütze Wißbegierden,
Trauer und Ängste von kurzer Reichweite,
Lust, eine Sache von sechs Seiten zu betrachten.

Flüsse schwellen an und treten über die Ufer.
In die Arche: Lichtschatten und Halbtöne,
Launen, Ornamente und Einzelheiten,
dumme Ausnahmen,
vergessene Zeichen,
ungezählte Varianten der Farbe Grau,
Spiel um des Spiels willen
und Träne des Lachens.

Soweit der Blick reicht, Wasser und Horizont im Nebel.
In die Arche: ihr Zukunftspläne,
du Freude an Unterschieden,
Bewunderung für die Besseren,
Wahl, die nicht begrenzt auf eins von zwei,
ihr veralteten Skrupel,
du Zeit zur Besinnung
und Glaube, daß das alles
irgendwann noch zu gebrauchen sein wird.

Den Kindern zuliebe,
die wir immer noch sind,
enden die Märchen gut.

Hier paßt auch kein andres Finale.
Der Regen hört auf,
die Wellen verebben,
am aufklarenden Himmel
gehn die Wolken auseinander
und werden wieder,
wie es den Wolken über den Menschen geziemt:
erhaben und unernst
als Ebenbild
der in der Sonne trocknenden
glücklichen Inseln,
Schäfchen,
Blumenkohlköpfe
und Windeln.

Möglichkeiten

Mir ist das Kino lieber.
Mir sind die Katzen lieber.
Mir sind die Eichen an der Warthe lieber.
Mir ist Dickens lieber als Dostojewskij.
Ich bin mir lieber als Menschenfreund
denn als Freund der Menschheit.
Nadel und Zwirn zur Hand sind mir lieber.
Die grüne Farbe ist mir lieber.
Lieber behaupte ich nicht,
der Verstand sei an allem schuld.
Mir sind die Ausnahmen lieber.
Mir ist es lieber, beizeiten zu gehn.
Mit Ärzten rede ich lieber über was andres.
Mir sind die alten gestrichelten Illustrationen lieber.
Mir ist die Lächerlichkeit, Gedichte zu schreiben, lieber
        als die Lächerlichkeit, keine zu schreiben.
Mir ist es lieber, in der Liebe die nichtgeraden Jahrestage
        täglich zu feiern.
Ich mag lieber die Moralisten,
die mir nichts versprechen.
Mir ist die schlaue Güte lieber als die allzu leichtgläubige.
Ich mag die Erde lieber in Zivil.
Die eroberten Länder sind mir lieber als die erobernden.
Vorbehalte sind mir lieber.
Die Hölle des Chaos ist mir lieber als die Hölle der Ordnung.
Die Märchen der Brüder Grimm sind mir lieber als Leitartikel.
Mir sind Blätter ohne Blüten lieber als Blüten ohne Blätter.
Hunde mit nichtgestutzten Schwänzen sind mir lieber.
Ich mag helle Augen lieber, weil meine dunkel sind.

Schubfächer sind mir lieber.
Die vielen Dinge, die ich hier nicht aufgezählt habe, sind
    mir lieber
als die vielen hier ebenfalls nicht aufgezählten.
Ich mag die Nullen lieber lose
als zur Zahl formiert.
Die Zeit der Insekten ist mir lieber als die der Sterne.
Lieber klopf ich auf Holz.
Lieber frage ich nicht, wie lang noch und wann.
Lieber ziehe ich selbst diese Möglichkeit in Betracht,
daß das Sein einen Sinn hat.

Jahrmarkt der Wunder

Ein Alltagswunder:
daß es so viele Alltagswunder gibt.

Ein gewöhnliches Wunder:
das Bellen unsichtbarer Hunde in nächtlicher Stille.

Ein Wunder von vielen:
eine kleine und flüchtige Wolke,
aber sie kann den großen schweren Mond verschwinden
    lassen.

Mehrere Wunder in einem:
eine Erle, die sich im Wasser spiegelt,
und daß sie von links nach rechts gewendet ist
und daß sie mit der Krone nach unten wächst
und überhaupt nicht bis auf den Grund reicht,
obwohl das Wasser seicht ist.

Ein Wunder an der Tagesordnung:
recht schwache und milde Winde,
doch in der Sturmzeit böig.

Ein erstbestes Wunder:
Kühe sind Kühe.

Ein zweites, nicht geringeres:
dieser und kein anderer Garten
in diesem und keinem anderen Obstkern.

Ein Wunder ohne schwarzen Frack und Zylinder:
ausschwärmende weiße Tauben.

Ein Wunder, denn was sonst:
Die Sonne ging heute um drei Uhr vierzehn auf,
und sie wird untergehen zwanzig Uhr eins.

Ein Wunder, das nicht so verwundert, wie es sollte:
Die Hand hat zwar weniger Finger als sechs,
dafür mehr als vier.

Ein Wunder, so weit man schauen kann:
die allgegenwärtige Welt.

Ein beiläufiges Wunder, beiläufig wie alles:
was undenkbar ist – ist denkbar.

Menschen auf der Brücke

Seltsamer Planet und seltsam diese Menschen darauf.
Sie unterliegen der Zeit, ohne sie anzuerkennen.
Haben Methoden, ihren Widerspruch auszudrücken.
Machen, zum Beispiel, Bildchen wie dieses:

Nichts Besonderes auf den ersten Blick.
Man sieht Wasser.
Man sieht eines seiner Ufer.
Man sieht einen Nachen mühsam gegen den Strom
    schaukeln.
Man sieht eine Brücke über dem Wasser und auf der Brücke
    Menschen.
Die Menschen beschleunigen deutlich ihren Schritt,
denn aus der dunklen Wolke beginnt soeben
der Regen zu prasseln.

Die Hauptsache ist, daß nichts weiter geschieht.
Die Wolke verändert weder Form noch Farbe.
Der Regen wird weder stärker, noch hört er auf.
Der Nachen fährt reglos.
Die Menschen auf der Brücke laufen
genau dort, wo vor einer Weile.

Es fällt hier schwer, sich eines Kommentars zu enthalten:
Unschuldig ist das Bildchen keinesfalls.
Hier ist die Zeit angehalten worden.
Man hörte auf, ihre Gesetze zu respektieren.
Man raubte ihr den Einfluß auf den Lauf der Dinge.
Sie wurde mißachtet und entwürdigt.

Im Interesse eines Rebellen,
irgendeines Hiroshige Utagawa
(eines Subjekts übrigens,
das längst und wie sich das gehört vergangen ist),
stolperte die Zeit und stürzte.

Vielleicht ist das nur ein Bubenstreich ohne Bedeutung,
ein Unfug im Ausmaß von kaum einer Handvoll Galaxien,
auf alle Fälle
merken wir an, was folgt:

Hier gehört es zuweilen zum guten Ton,
dieses Bildchen hochzuschätzen,
sich von ihm begeistern zu lassen und ergriffen zu sein
    seit Generationen.

Es gibt welche, denen auch das nicht genügt.
Sie hören sogar den Regen rauschen,
sie spüren die Kühle der Tropfen auf Nacken und Schultern,
sie schauen zur Brücke und auf die Menschen,
als sähen sie dort sich selbst,
in demselben Lauf, der niemals ein Ziel erreicht,
auf dem endlosen Weg, ewig zurückzulegen,
und sie glauben in ihrer Dreistigkeit,
daß es tatsächlich so ist.

Ende und Anfang

Koniec i początek
1993

Der Himmel

Damit hätte man anfangen sollen: der Himmel.
Ein Fenster ohne Brett, ohne Rahmen, ohne Glas.
Eine Öffnung und sonst nichts,
aber weit offen.

Ich muß nicht warten auf die klare Nacht,
den Kopf nicht nach oben recken,
um den Himmel zu betrachten.
Den Himmel hab ich im Rücken, zur Hand, auf den Lidern.
Der Himmel umhüllt mich dicht
und hebt mich vom Boden.

Sogar die höchsten Berge
sind dem Himmel nicht näher
als die tiefsten Täler.
An keinem Ort gibt's von ihm mehr
als an einem andren.
Auf der Wolke lastet der Himmel ebenso
rücksichtslos wie auf dem Grab.
Der Maulwurf ist genauso himmelfahrend
wie die Eule, deren Flügel beben.
Was in den Abgrund fällt,
fällt vom Himmel in Himmel.

Schüttere, flüssige, felsige,
feurige oder flügge
Himmelsstriche, Himmelskrumen,
himmlischer Hauch oder Haufen.
Der Himmel ist allgegenwärtig,

sogar im Dunkel unter der Haut.
Ich verspeise Himmel, scheide Himmel aus.
Ich bin die Falle in der Falle,
ein bewohnter Bewohner,
eine umarmte Umarmung,
Frage in Antwort auf eine Frage.

Die Teilung in Himmel und Erde
ist nicht die richtige Art,
das Ganze zu bedenken.
Sie erlaubt nur zu überleben
unter einer genaueren Anschrift,
die schneller zu finden ist,
sofern ich gesucht werden sollte.
Meine besonderen Kennzeichen sind
die Begeisterung und die Verzweiflung.

Kann auch ohne Überschrift bleiben

Soweit ist es nun gekommen, daß ich unterm Baum sitze
am Ufer des Flusses
im sonnigen Morgen.
Das Ereignis ist ohne Belang,
es geht nicht in die Geschichte ein.
Nicht wie Schlachten und Pakte,
deren Motive erforscht werden,
oder wie erinnerungswerte Tyrannenmorde.

Und dennoch sitze ich am Fluß, so ist es.
Und da ich hier bin,
muß ich von irgendwoher gekommen sein
und davor
noch an vielen Orten gewesen sein,
genau wie die Landeroberer,
bevor sie an Bord gingen.

Selbst der flüchtige Moment hat viel Vergangenheit,
seinen Freitag vor dem Samstag,
seinen Mai vor dem Juni.
Seine Horizonte sind ebenso wirklich
wie die im Fernglas des Feldherrn.

Dieser Baum ist eine Pappel, seit Jahren verwurzelt.
Der Fluß heißt Raba und fließt nicht erst seit heute.
Nicht erst seit gestern führt
der Pfad durchs Gebüsch.
Um die Wolken auseinanderzutreiben,
mußte der Wind sie hergeweht haben.

Und obwohl hier in der Nähe nichts Großes geschieht,
ist die Welt an Einzelheiten nicht ärmer,
nicht schlechter begründet, nicht schwächer bestimmt
als damals, als die Völkerwanderung von ihr Besitz
    ergriffen hat.
Nicht nur geheime Verschwörungen sind von Stille begleitet,
nicht nur Krönungszeremonien geht ein Defilee von
    Gründen voraus.
Rund sind nicht nur die Jahrestage von Aufständen,
auch die umspülten Steine am Ufer.

Wirr und dicht ist die Stickerei der Umstände.
Der Ameisenstich im Rasen.
Das ans Erdreich gesteppte Gras.
Das Muster der Welle, durch die sich das Hölzchen windet.

Es hat sich gefügt, daß ich bin und schaue.
Über mir flattert ein weißer Falter
mit Flügeln, die nur ihm gehören,
und durchfliegt als Schatten meine Hände,
kein anderer, kein beliebiger Schatten, sein eigener.

Bei solch einem Anblick verläßt mich stets die Gewißheit,
daß das Wichtige wichtiger ist
als das Unwichtige.

Manche mögen Poesie

Manche –
das heißt nicht alle.
Nicht einmal die Mehrheit, sondern die Minderheit.
Abgesehen von Schulen, wo man mögen muß, und von
    den Dichtern selbst,
gibt's davon etwa zwei pro Tausend.

Mögen –
aber man mag ja auch die Nudelsuppe,
mag Komplimente und die Farbe Blau,
mag den alten Schal,
mag auf dem Seinen beharren,
mag Hunde streicheln.

Poesie –
was aber ist das, die Poesie.
Manch wacklige Antwort fiel
bereits auf diese Frage.
Aber ich weiß nicht und weiß nicht und halte mich
    daran fest
wie an einem rettenden Geländer.

Ende und Anfang

Nach jedem Krieg
muß jemand aufräumen.
Leidliche Ordnung
kommt nicht von allein.

Jemand muß die Trümmer
an den Straßenrand kehren,
damit die Leichenkarren
sie passieren können.

Jemand muß versinken
in Asche und Schlamm,
Sofafedern,
Glassplittern,
in blutigen Lumpen.

Jemand muß, um die Wand zu stützen,
den Balken herbeischleppen,
jemand das Fenster verglasen
und die Tür wieder einhängen.

Fotogen ist das nicht,
und es kostet Jahre.
Längst zogen die Kameras
in den nächsten Krieg.

Die Brücken muß man wieder
und die Bahnhöfe aufs neue.
Die Ärmel vom Hochkrempeln
hängen in Fetzen.

Jemand, mit dem Besen in der Hand,
erinnert sich noch, wie es war.
Jemand hört zu und nickt
mit dem nicht geköpften Kopf.
Aber ganz in der Nähe schon
treiben sich welche herum,
die das langweilig finden.

Manchmal buddelt einer
unterm Strauch
durchgerostete Argumente aus
und wirft sie auf den Müll.

Diejenigen, die wußten,
worum es hier ging,
machen denen Platz,
die wenig wissen.
Weniger noch als wenig.
Und schließlich so gut wie nichts.

Im Gras, das über Ursachen
und Folgen wächst,
muß jemand ausgestreckt liegen,
einen Halm zwischen den Zähnen,
und in die Wolken starrn.

Haß

Seht her, wie unentwegt wendig er ist,
wie gut er sich hält
in unserem Jahrhundert, der Haß.
Wie einfach er Hindernisse nimmt.
Wie leicht es ihm fällt – aufzuspringen, loszuschlagen.

Er ist nicht wie die andren Gefühle.
Er ist zugleich älter und jünger als sie.
Die Ursachen, die ihn am Leben erhalten, gebiert er selbst.
Schläft er ein, dann nie für ewig.
Schlaflosigkeit schwächt nicht, sie steigert seine Kraft.

Religion oder nicht –
Hauptsache, er kniet beim Start.
Vaterland oder keins –
Hauptsache, er spurtet los.
Für den Anfang kann's auch Gerechtigkeit sein,
dann aber rennt er von allein.

Der Haß. Der Haß.
Sein Gesicht schneidet Grimassen
selbst in der Liebesekstase.

Ach, diese andren Gefühle
hinfällig und schlapp.
Seit wann kann denn Brüderlichkeit
auf Menschenmassen bauen?
Kam Mitleid je
zuerst ans Ziel?
Wie viele Gutwillige reißt schon Verzagtheit mit?

Er, der Bescheid weiß, reißt aber mit.
Begabt, gelehrig, sehr emsig.
Jeder weiß, wie viele Gesänge er erfand.
Wie viele Seiten er im Geschichtsbuch paginiert hat.
Wie viele Menschenteppiche er ausgerollt hat
auf wie vielen Plätzen, Stadien.

Machen wir uns nichts vor:
Er schafft auch Schönheit.
Herrlich ist dieser Feuerschein in schwarzer Nacht.
Prachtvoll die Explosionen im Morgenrot.
Pathos ist den Ruinen nicht abzusprechen
und der mächtig himmelstürmenden Säule
nicht der derbe Humor.

Er ist ein Meister des Kontrasts
zwischen dem Rattern und der Stille,
zwischen dem roten Blut und dem weißen Schnee.
Und vor allem langweilt ihn nie das Motiv des adretten
    Schinders
überm geschändeten Opfer.

Zu neuer Mission ist er allzeit bereit.
Wenn er warten muß, wartet er.
Blind sei er, sagt man. Blind?
Er hat ein Scharfschützenauge
und zielt verwegen in die Zukunft
– er allein.

Was die Wirklichkeit verlangt

Die Wirklichkeit verlangt,
daß man auch darüber spricht:

Das Leben geht weiter.
Es tut's bei Cannae und bei Borodino
und auf dem Kosovo Pole und in Guernica:

Es gibt eine Tankstelle
auf dem kleinen Platz in Jericho,
frisch gestrichene Bänkchen
am Fuße des Weißen Berges.
Briefe werden befördert
von Pearl Harbour nach Hastings,
am Auge des Löwen von Chäronea
fährt ein Möbelwagen vorbei,
und den blühenden Gärten bei Verdun
nähert sich eine nur atmosphärische Front.

Es gibt so viel von Allem,
daß das Nichts recht gut bedeckt bleibt.
Von den Yachten bei Aktium
dringt Musik,
und auf den Decks tanzen Paare in der
        Sonne.

Es geschieht ständig so viel,
daß überall etwas geschehen muß.
Wo Stein auf Stein liegt,
dort belagern auch Kinder
den Icecreamwagen.

Wo Hiroshima war,
dort ist wieder Hiroshima,
und die Herstellung vieler Gegenstände
des täglichen Bedarfs.

Nicht ohne Reize ist diese schreckliche Welt,
nicht ohne Morgen,
für die es aufzuwachen lohnt.
Auf dem Schlachtfeld von Maciejowice
ist das Gras grün
und im Gras, wie üblich im Gras,
der transparente Tau.

Vielleicht gibt es überhaupt nur Schlachtfelder,
die noch erinnerten,
die schon vergessenen,
Birkenwälder und Zedernhaine,
Schneefelder, Sand, schillernde Sümpfe
und Schluchten der schwarzen Niederlage,
wo man bei dringendem Bedürfnis
sich hinhockt hintern Busch.

Und die Moral – wohl keine.
Das, was wirklich ist, ist das schnell trocknende Blut,
und immerzu Flüsse, Wolken.

Auf den tragischen Paßstraßen
reißt der Wind den Hut vom Kopf,
und so ist's nun mal –
ein Anblick zum Lachen.

Wachsein

Das Wachsein zerstiebt nicht,
wie Träume zerstieben.
Weder Geräusch noch Glocke
zerstreuen es,
weder Schrei noch Gepolter
reißen uns davon los.

Vieldeutig und trüb
sind die Bilder in Träumen,
was sich auf viele Weisen
erklären läßt.
Wachsein bezeichnet wach sein,
und das ist das größere Rätsel.

Für Träume gibt's Schlüssel.
Das Wachsein öffnet sich selbst
und läßt sich nicht schließen.
Es rieseln aus ihm
Zeugnisse und Sterne,
es stürzen Schmetterlinge,
die Seelen alter Bügeleisen,
kopflose Mützen
und Wolkenschädel.
Daraus entsteht ein Rebus,
nicht zu enträtseln.

Ohne uns gäbe es die Träume nicht.
Der, ohne den es das Wachsein nicht gäbe,
ist unbekannt,

und das Produkt seiner Schlaflosigkeit
teilt sich jedem mit,
wenn er erwacht.

Nicht die Träume rasen,
rasend ist das Wachsein,
und sei's durch den Starrsinn,
mit dem es sich festhält
am Lauf der Dinge.

In Träumen lebt noch
unser unlängst Verstorbner,
bei guter Gesundheit
und wiedergewonnener Jugend.
Das Wachsein legt
seinen leblosen Körper vor uns hin.
Das Wachsein weicht nicht einen Schritt zurück.

Die Flüchtigkeit der Träume bewirkt,
daß sich das Gedächtnis leicht von ihnen befreit.
Das Wachsein muß das Vergessen nicht fürchten.
Es ist ein hartes Stück.
Sitzt uns im Nacken,
bedrückt das Herz,
fällt vor die Füße.

Vor dem Wachsein gibt's keine Flucht,
denn es begleitet uns auf jeder.
Es gibt keine Station
auf der langen Reise,
wo es uns nicht erwartete.

Elegische Bilanz

Wie viele von denen, die ich kannte
(falls ich sie wirklich kannte),
Männer, Frauen
(falls diese Einteilung noch gilt),
haben diese Schwelle überschritten
(falls es eine Schwelle ist),
diese Brücke passiert
(falls man dazu Brücke sagt) –

Wie viele nach kürzerem oder längerem Leben
(falls sie's noch unterscheiden),
einem guten, weil es begann,
einem schlechten, weil es endete
(falls sie's nicht lieber umgekehrt sagten),
fanden sich am anderen Ufer
(falls sie sich fanden
und es das andere Ufer gibt) –

Ihres weiteren Schicksals
bin ich nicht sicher
(falls es ein gemeinsames
und dazu noch Schicksal ist) –
Alles
(falls ich mit diesem Wort nicht einschränke)
haben sie hinter sich
(wenn nicht vor sich) –

Wie viele von ihnen sprangen aus der rasenden Zeit
und verschwinden immer wehmütiger in der Ferne
(falls man der Perspektive glauben darf) –

Wie viele
(falls diese Frage Sinn hat,
falls die endgültige Summe erreichbar ist,
bevor der Zählende sich selbst hinzuzählt)
fielen in diesen tiefsten Schlaf
(falls es keinen tieferen gibt) –

Auf Wiedersehn.
Bis morgen.
Bis zum nächsten Mal.
Sie wollen es nicht noch einmal
(falls sie es nicht wollen) wiederholen.
Ausgeliefert dem unvollendeten
(falls nicht einem anderen) Schweigen.
Beschäftigt nur damit
(falls es so ist),
wozu sie die Abwesenheit zwingt.

Katze in der leeren Wohnung

Sterben – das tut man einer Katze nicht an.
Denn was soll die Katze
in einer leeren Wohnung.
An den Wänden hoch,
sich an Möbeln reiben.
Nichts scheint hier verändert,
und doch ist alles anders.
Nichts verstellt, so scheint es,
und doch alles auseinandergeschoben.
An den Abenden brennt die Lampe nicht mehr.

Auf der Treppe sind Schritte zu hören,
aber nicht die.
Die Hand, die den Fisch auf den Teller legt,
ist auch nicht die, die es früher tat.

Hier beginnt etwas nicht
zur gewohnten Zeit.
Etwas findet nicht statt,
wie es sich gehörte.
Jemand war hier und war,
dann aber verschwand er plötzlich
und ist beharrlich nicht da.

Alle Schränke durchforscht.
Alle Regale durchlaufen.
Unter die Teppiche gekrochen und nachgesehen.
Sogar trotz des Verbots
die Papiere durcheinandergeworfen.

Was bleibt da noch zu tun.
Schlafen und warten.

Komme er nur,
zeige er sich.
Er wird schon sehn.
Einer Katze tut man so etwas nicht an.
Sie wird ihm entgegenstolzieren,
so, als wollte sie's nicht,
sehr langsam,
auf äußerst beleidigten Pfoten.
Zunächst ohne Sprung, ohne Miau.

Abschied vom Ausblick

Ich verzeihe dem Frühling,
daß er wieder kam.
Ich zürne ihm nicht,
daß er wie alle Jahre
seine Pflicht tut.

Ich weiß, meine Trauer
hält das Grün nicht auf.
Und bebt ein Halm,
so ist es der Wind.

Es tut mir nicht weh,
daß die Erlen am Wasser
etwas zu rauschen haben.

Ich nehme zur Kenntnis,
daß das Ufer des Sees
– als lebtest du noch –
so schön ist, wie's war.

Dem Ausblick bin ich nicht gram
wegen der Sicht
auf die Sonnenbucht.

Ich kann mir auch vorstellen,
daß zwei, nicht wir,
in diesem Augenblick
auf dem Birkenstamm sitzen.

Ich achte ihr Recht
auf Geflüster, auf Lachen
und glückliches Schweigen.

Ich nehm sogar an,
daß sie Liebe verbindet
und daß er sie umarmt
mit zitterndem Arm.

Etwas Neues Vogelhaftes
raschelt im Schilf.
Ich wünsch ihnen ehrlich,
daß sie es hören.

Ich verlang keinen Wandel
von den Wellen am Ufer,
die mal flink sind, mal träge
und mir nicht gehorchen.

Ich verlange nichts
von der Flut hinterm Wald,
mal smaragden,
mal saphiren,
dann wieder schwarz.

Nur eins kann ich nicht.
Dorthin zurück.
Privileg des Dortseins –
Ich verzichte darauf.

Nur um so viel, nur so weit
hab ich Dich überlebt;
um aus der Ferne zu denken.

Séance

Der Zufall zeigt seine Zauberstückchen.
Zieht aus dem Ärmel ein Glas Cognac,
setzt Heinrich darüber.
Ich betrete das Bistro und bin baß erstaunt.
Heinrich ist kein anderer
als der Bruder des Mannes von Agnes,
und Agnes ist eine Verwandte
des Schwagers von Tante Sophie.
Wir kamen darauf, daß wir denselben Urgroßvater haben.

Der Raum in den Händen des Zufalls
verwirrt sich und entwirrt sich,
dehnt sich und krümmt sich.
Soeben war er wie ein Tischtuch,
und schon ist er wie ein Taschentüchlein.
Rate, wen ich getroffen habe,
und noch dazu wo, in Kanada,
nach so vielen Jahren.
Ich hatte geglaubt, er lebe nicht mehr,
da seh ich ihn in einem Mercedes.
Im Flugzeug nach Athen.
Im Stadion von Tokio.

Der Zufall wendet das Kaleidoskop im Handumdrehn.
Milliarden bunter Scherben flirren.
Und plötzlich klirrt die Scherbe von Hänsel
an die Scherbe von Gretel.
Stell dir vor, im selben Hotel.
Aug in Aug im Fahrstuhl.

Im Spielzeugladen.
Auf der Kreuzung Schuster- und Jagiellonenstraße.

Den Zufall umhüllt ein Umhang.
Darunter gehn Dinge verloren und finden sich wieder.

Ich stieß darauf wider Willen.
Ich bück mich und hebe auf.
Ich sehe, es ist der Löffel
von dem gestohlnen Gedeck.
Wäre nicht das Armband,
ich hätte Ola nicht wiedererkannt,
auf die Uhr aber stieß ich in Płock.

Der Zufall sieht uns tief in die Augen.
Der Kopf wird schwer.
Die Lider fallen zu.
Wir möchten lachen und weinen,
denn es ist nicht zu glauben –
von der B 4 auf dieses Schiff,
da muß etwas dran sein.
Wir möchten rufen,
wie klein doch die Welt ist,
wie leicht, sie
zu umarmen.
Und für eine Weile erfüllt uns Freude,
die strahlt und trügt.

Liebe auf den ersten Blick

Beide sind überzeugt,
sie habe ein plötzliches Gefühl vereint.
Schön ist diese Gewißheit,
doch Ungewißheit schöner.

Sie meinen, weil sie sich früher nicht kannten,
sei zwischen ihnen nie etwas geschehn.
Was sagen die Straßen dazu, die Treppen, Korridore,
wo sie aneinander seit langem hätten vorbeigehen können?

Gern würd ich sie fragen,
ob sie sich erinnern –
in der Drehtür vielleicht irgendwann
Aug in Aug?
Ein »Pardon« im Gedränge?
Die Stimme im Hörer »Falsch verbunden«?
– doch ich kenne die Antwort.
Nein, sie erinnern sich nicht.

Es würde sie wundern zu hören,
der Zufall habe schon länger
mit ihnen gespielt.

Noch nicht bereit,
ihnen Schicksal zu werden,
stellte er sie mal näher, mal ferner,
versperrte den Weg,
sprang zur Seite,
verstohlen kichernd.

Es gab Zeichen, Signale,
zwar unleserliche, na und?
Flog vor drei Jahren vielleicht
oder am letzten Dienstag
ein gewisses Blatt
von Schulter zu Schulter?
Es gab Verlorenes und Aufgehobenes.
Ob's nicht schon ein Ball war
im Gebüsch der Kindheit?

Es gab Klinken und Klingeln,
wo sich früher schon
Berührung auf Berührung legte,
Koffer nebeneinander verwahrt.
Vielleicht gab's den gleichen Traum in ein und derselben
        Nacht,
gelöscht sofort nach dem Erwachen.

Denn jeder Anfang
ist Fortsetzung nur,
und das Buch der Ereignisse
ist stets in der Mitte aufgeschlagen.

Am 16. Mai des Jahres 1973

Eines von den vielen Daten,
die mir nichts mehr sagen.

Wohin ich an diesem Tag ging,
was ich tat – ich weiß es nicht mehr.

Wäre in der Nähe ein Verbrechen geschehen
– ich wäre ohne Alibi.

Die Sonne blitzte auf und erlosch
jenseits meiner Beachtung.
Die Erde drehte sich
ohne Vermerk im Notizbuch.

Es fiele mir leichter zu denken,
ich sei für ein Weilchen gestorben,
als nichts mehr zu wissen,
obwohl ich pausenlos lebte.

Ich war schließlich kein Geist,
ich atmete, aß,
tat Schritt vor Schritt,
was zu hören war,
und die Spur meiner Finger
müßte noch am Türgriff sein.

Ich sah mich im Spiegel.
Ich hatte etwas in irgendeiner Farbe an.
Ganz bestimmt haben mich ein paar Leute gesehen.

Vielleicht fand ich an jenem Tag,
was ich früher verloren hatte.
Vielleicht verlor ich etwas, was ich später fand.

Mich haben Eindrücke und Gefühle erfüllt.
Jetzt ist das alles
wie Pünktchen in Klammern.

Wo habe ich mich verkrochen,
wo mich versteckt –
kein schlechter Trick,
sich derart aus den Augen zu gehen.

Ich schüttle das Gedächtnis,
vielleicht flattert aus seinen Zweigen
etwas seit Jahren Eingeschläfertes
geräuschvoll auf.

Nein.
Ich verlange entschieden zuviel,
nicht weniger als eine Sekunde.

Vielleicht geschieht dies alles

Vielleicht geschieht dies alles
in einem Laboratorium?
Tags unter einer Lampe
und nachts unter Milliarden?

Vielleicht treibt man mit uns Versuche?
Aus einem Gefäß ins andre gegossen,
in Reagenzgläsern durchgeschüttelt,
beobachtet von mehr als nur einem Auge,
jeder einzeln
am Ende mit einer Pinzette gegriffen?

Vielleicht anders:
keine Interventionen?
Veränderungen finden von selbst statt
nach Plan?
Die Nadel des Diagramms verzeichnet allmählich
das vermutete Auf und Ab?

Vielleicht gibt's wie bisher nichts Interessantes in uns?
Die Kontrollmonitore werden selten eingeschaltet?
Nur bei Krieg, und zwar einem großen,
einigen Flügen über die Krume Erde
oder beträchtlichen Wanderungen von A nach B?

Vielleicht umgekehrt:
Findet man dort Geschmack ausschließlich an Episoden?
Ein kleines Mädchen auf der großen Leinwand
näht sich einen Knopf an den Ärmel.

Die Feintaster pfeifen,
das Personal läuft zusammen.
Ach, was für ein winziges Wesen
mit dem klopfenden Herzen in der Mitte!

Welch anmutiger Ernst
beim Einfädeln des Garns!
Jemand ruft entzückt:
Holt den Chef,
er komme und sehe selbst!

Kleine Komödien

Wenn es Engel gibt,
dann lesen sie wohl nicht
unsere Romane
von den enttäuschten Hoffnungen.

Ich befürchte – leider –
auch unsere Gedichte nicht
mit den Vorbehalten gegen die Welt.

Das Geschrei und die Zuckungen unserer Theaterstücke
müssen sie – vermute ich –
irritieren.

In den Pausen ihrer himmlischen,
das heißt nicht menschlichen Beschäftigungen,
schauen sie sich eher
unsere kleinen Komödien an
aus der Stummfilmzeit.

Mehr als die Jammernden,
die ihre Gewänder zerreißen
und die mit den Zähnen knirschen,
schätzen sie – wie ich vermute –
den armen Teufel,
der einen Ertrinkenden an der Perücke packt
oder vor Hunger
die eigenen Schnürsenkel verspeist.
Vom Gürtel an aufwärts Vorhemd und Ambitionen,
tiefer im Hosenbein aber
die entsetzte Maus.

O ja,
das muß sie köstlich amüsieren.
Der Wettlauf im Kreis
verwandelt sich in eine Flucht vor dem Flüchtenden.
Das Licht im Tunnel
erweist sich als Tigerauge.
Hundert Katastrophen
sind hundert spaßige Purzelbäume
über hundert Abgründe.

Wenn es Engel gibt,
dann sollte sie – hoffe ich –
diese auf dem Grauen schaukelnde Lustigkeit überzeugen,
die nicht einmal Zuhilf, Zuhilf ruft,
weil alles in der Stille geschieht.

Ich wage anzunehmen,
daß sie mit den Flügeln klatschen
und aus ihren Augen Tränen fließen,
zumindest die des Gelächters.

Nichts ist geschenkt

Nichts ist geschenkt, alles geliehen.
Ich stecke in Schulden bis über die Ohren.
Ich muß für mich
mit mir bezahlen,
fürs Leben das Leben rückerstatten.

So ist es nun mal,
das Herz und die Leber
und jeder Finger
sind gepachtet.

Zu spät, den Vertrag zu lösen,
die Schulden werden mir abgezogen
samt meiner Haut.

Ich geh durch die Welt,
umdrängt von Schuldnern.
Auf den einen lasten
die Raten für die Flügel.
Den andren nolens volens
blüht die Abrechnung der Blätter.

Jede Zelle in uns
ist verbucht unter Soll.
Kein Wimperchen, Stielchen
bleibt uns für immer.

Das Verzeichnis ist genau,
und es sieht so aus,
als behielten wir nichts.

Ich weiß nicht mehr,
wo, wann und warum
ich diese Verbindlichkeit
eingegangen.

Den Protest dagegen
nennen wir Seele.
Das einzige, was
im Verzeichnis fehlt.

Eine Version der Vorkommnisse

Zu wählen berechtigt,
haben wir wohl zu lange überlegt.

Die angebotenen Körper waren unbequem
und verschlissen häßlich.

Die Arten und Weisen, den Hunger zu stillen,
widerten uns an,
die ungewollte Erbschaft der Eigenschaften
und die Tyrannei der Drüsen
stießen uns ab.

Die Welt, die uns umgeben sollte,
litt pausenlos Zerfall.
Folgen der Ursachen tobten sich auf ihr aus.

Die uns zur Einsicht vorgelegten
Einzelschicksale
verwarfen wir meist
mit Trauer und Grauen.

Es kamen zum Beispiel Fragen auf,
ob es lohne, unter Schmerzen
ein totes Kind zu gebären,
und wozu ein Seemann sein,
der nie das Ufer erreicht.

Wir fügten uns in den Tod,
doch nicht in jeder Gestalt.

Liebe zog uns an,
gut, aber eine,
die ihr Versprechen hält.
Vom Dienst für die Kunst
schreckten uns ab
der Wankelmut der Urteile
und die Nichthaltbarkeit der Werke.

Jeder hätte gern ein Vaterland ohne Nachbarn
und ein Leben in der Pause
zwischen zwei Kriegen.

Niemand von uns wollte an die Macht,
auch nicht sich ihr unterordnen,
niemand wollte Opfer sein
der eigenen und der fremden Illusionen,
es gab keine Freiwilligen
für Aufmärsche, Menschenmassen,
noch weniger für die aussterbenden Stämme
– ohne die aber die Geschichte
auf keinen Fall wie vorgesehen
hätte stattfinden können.

Inzwischen erlosch und erkaltete
eine beträchtliche Anzahl
der gezündeten Sterne.
Es war höchste Zeit für den Entschluß.

Unter zahlreichen Vorbehalten
meldeten sich schließlich Kandidaten
für manche Entdecker und Gesundbeter,
unbekannte Philosophen,
ein paar namenlose Gärtner,
Zauberkünstler und Musikanten,
obwohl aus Mangel an anderen Bewerbern
nicht einmal diese Lebensläufe sich erfüllen konnten.

Man mußte noch einmal
die ganze Sache überdenken.

Man bot uns
eine Reise an,
von der wir bestimmt und bald
zurückkehren würden.

Der Aufenthalt jenseits der Ewigkeit,
die eintönig genug ist
und ohne Verlauf,
könnte sich nie mehr wiederholen.

Uns befielen Zweifel,
ob wir, alles im voraus wissend,
tatsächlich alles wissen.

Ob die derart verfrühte Wahl
überhaupt eine Wahl sei
und ob es nicht besser wäre,
sie dem Vergessen zu überlassen,
und wenn schon wählen
– dann dort.

Wir sahen auf die Erde.
Waghälse bewohnten sie schon.
Eine schwächliche Pflanze
klammerte sich an den Fels
in leichtsinnigem Vertrauen,
der Wind werde sie nicht entwurzeln.

Ein kleines Tier
wühlte sich aus dem Bau
mit einer für uns seltsamen Mühe und Hoffnung.

Wir kamen uns zu vorsichtig vor,
lächerlich, kleinlich.

Bald wurden wir übrigens weniger.
Die Ungeduldigsten kamen uns abhanden.
Sie nahmen die Feuertaufe
– ja, das war klar.
Sie entfachten das Feuer soeben
am Steilufer des wirklichen Flusses.

Einige
traten gar den Rückweg an.
Doch nicht in unsere Richtung.
Und so, als trügen sie? Etwas Gewonnenes?

Ein großes Glück

Es ist ein großes Glück,
nicht genau zu wissen,
in welcher Welt man lebt.

Man müßte
sehr lange leben,
entschieden länger,
als diese Welt besteht.

Um andere Welten
vergleichsweise kennenzulernen.

Sich über den Körper erheben,
der nichts so gut kann
wie begrenzen
und Umstände schaffen.

Der Forschung,
der Klarheit des Bildes
und den letzten Folgerungen zuliebe
sich über die Zeit erheben,
in der das alles rast und rotiert.

So gesehen
adieu für immer!
ihr Einzelheiten und Episoden.

Die Wochentage zu zählen
käme einem
sinnlos vor.

Den Brief in den Kasten werfen
wäre jugendlicher Leichtsinn,

das Schild »Rasen betreten verboten«
eine verrückte Idee.

Neue Gedichte

Wiersze nowe

Die drei seltsamsten Wörter

Sag ich das Wort Zukunft,
vergeht seine erste Silbe bereits im Zuvor.

Sag ich das Wort Stille,
vernichte ich sie.

Sag ich das Wort Nichts,
schaffe ich etwas, das in keinem Nichtsein Raum hat.

Wolken

Mit der Beschreibung der Wolken
müßt ich mich eilen –
schon im Bruchteil eines Moments
sind sie nicht mehr die, sind sie andere.

Ihre Eigenschaft ist,
sich in Formen, Schattierungen, Posen, im Wechselspiel
niemals zu wiederholen.

Nicht beschwert mit dem Erinnern von nichts,
erheben sie sich mühelos über die Fakten.

Was wären das schon für Zeugen,
sie verlaufen sofort in jede Richtung.

Verglichen mit Wolken
erscheint das Leben verwurzelt,
fast schon dauerhaft und beinahe ewig.

Neben den Wolken
sieht der Stein sogar aus wie ein Bruder,
auf den man sich verlassen kann,
doch sie, nun ja, sind ferne und scheue Kusinen.

Mögen die Menschen sein wie sie wollen,
und dann der Reihe nach jeder von ihnen sterben,
sie, die Wolken, geht das nichts an,
das seltsame
alles.

Über deinem ganzen Leben
und über meinem, noch nicht ganzen,
paradieren sie protzend wie einst permanent.
Sie sind nicht verpflichtet, mit uns zu vergehen.
Sie fließen, ohne daß wir sie sehen.

Irgendwelche Leute

Irgendwelche Leute auf der Flucht vor irgendwelchen Leuten.
In einem Land unter der Sonne
und manchen Wolken.

Sie hinterlassen irgendein alles,
Hühner, Hunde, bestellte Felder,
Spiegelchen, in denen sich jetzt das Feuer betrachtet.

Auf den Rücken tragen sie Krüge und Bündel,
je leerer, desto schwerer von Tag zu Tag.

Irgendwessen Stocken ereignet sich leise,
und im Gewühl entreißt irgendjemand irgendwem das Brot,
und irgendwer rüttelt an einer Kinderleiche.

Vor ihnen ein Weg, immer noch nicht da lang,
nicht die, die es sein sollte, Brücke
über den seltsam blaßroten Fluß.
Ringsum Schüsse, mal näher, mal ferner,
oben ein etwas kreisendes Flugzeug.

Eine Unsichtbarkeit wäre nützlich,
irgendwie graubraun versteinern,
besser noch Unseiendes sein
für sicherlich kurze Zeit oder für lange.

Etwas wird noch passieren, nur wo und was.
Jemand tritt ihnen entgegen, nur wann, wer,
in wie vielen Gestalten und in welcher Absicht.
Wenn er die Wahl haben sollte,
wird er vielleicht nicht Feind sein wollen
und läßt sie an irgendeinem Leben.

Das Schweigen der Pflanzen

Die einseitige Bekanntschaft zwischen euch und mir
gedeiht recht gut.

Ich kenne Blatt und Blüte, Ähre, Zapfen, Stengel,
und ich weiß, was mit euch geschieht im April und was
    im Dezember.

Wenn meine Neugier auch unerwidert bleibt,
neige ich mich doch über manche von euch besonders tief,
und zu manchen blicke ich auf.

Ich nenn euch beim Namen:
Ahorn, Leberblümchen, Klette,
Wacholder, Heide, Mistel, Vergißmeinnicht,
ihr gebt mir keinen.

Wir reisen gemeinsam.
Auf gemeinsamen Reisen unterhält man sich doch,
tauscht Bemerkungen aus, und sei es über das Wetter
oder über Stationen, die man in Eile passiert.

An Themen fehlte es nicht, denn uns verbindet vieles.
Uns hält derselbe Stern in seinem Bann.
Wir werfen Schatten nach den gleichen Gesetzen.
Versuchen etwas zu wissen, jedes auf seine Art,
und was wir nicht wissen, gleicht sich auch.

Fragt nur, ich erklär euch, so gut ich es kann:
was das heißt, mit Augen zu sehen,
wozu mir das Herz schlägt
und weshalb mein Körper keine Wurzeln hat.

Wie aber soll ich antworten ungefragt,
zudem als jemand,
der für euch nichts ist.

Buschwerk, Haine, Wiesen und Schilf –
alles, was ich euch sage, ist Monolog,
ihr hört ihn nicht.

Mit euch zu reden ist so notwendig wie unmöglich.
Dringend in unserem eiligen Leben
und aufgeschoben aufs niemals.

Negativ

Am dunkelgrauen Himmel
ein noch graueres Wölkchen
von der Sonne schwarz umrandet.

Links, das heißt rechts
der weiße Zweig eines Kirschbaums mit schwarzen Blüten.

Auf deinem dunklen Gesicht helle Schatten.
Du nahmst Platz am Tisch
und legtest auf ihn die aschgrau gewordenen Hände.

Du wirkst wie ein Geist,
der die Lebenden beschwört.

(Da ich mich zu ihnen zähle,
müßte ich ihm erscheinen und klopfen:
Gute Nacht, das heißt Guten Tag,
Leb wohl, das heißt Sei gegrüßt.
Und nicht geizen mit Fragen auf keine Antwort,
falls sie das Leben betreffen,
das heißt den Sturm vor der Ruhe.)

Beitrag zur Statistik

Auf hundert Menschen

zweiundfünfzig,
die alles besser wissen,

dem fast ganzen Rest
ist jeder Schritt vage,

Hilfsbereite,
wenn's nicht zu lange dauert,
gar neunundvierzig,

beständig Gute,
weil sie's nicht anders können,
vier, na sagen wir fünf,

die zur Bewunderung ohne Neid neigen,
achtzehn,

die durch die Jugend, die vergängliche,
Irregeführten
plus minus sechzig,

die keine Scherze dulden,
vierundvierzig,

die ständig in Angst leben
vor jemand oder vor etwas,
siebenundsiebzig,

die das Talent haben, glücklich zu sein,
kaum mehr als zwanzig, höchstens,

die einzeln harmlos sind
und in der Masse verwildern,
über die Hälfte, sicher,

Grausame,
von den Umständen dazu gezwungen,
das sollte man lieber nicht wissen,
nicht einmal annäherungsweise,

die nach dem Schaden klug sind,
nicht viel mehr
als die vor dem Schaden klug sind,

die sich vom Leben nichts als Gegenstände nehmen,
dreißig,
obwohl ich mich gerne irren würde,

Gebrochene, Leidgeprüfte,
ohne ein Licht im Dunkel,
dreiundachtzig,
früher oder später,

Gerechte
recht viel, denn fünfunddreißig,

sollte es die Mühe des Verstehens kosten,
drei,

Bemitleidenswerte
neunundneunzig,

Sterbliche
hundert auf hundert.
Eine Zahl, die sich vorerst nicht ändert.

Im Gewimmel

Ich bin wer ich bin.
Der Zufall ist unbegreiflich
wie jeder Zufall.

Ich könnte
andere Ahnen haben,
einem anderen Nest
entschlüpft,
unter einem anderen Stamm
beschuppt hervorgekrochen sein.

In der Garderobe der Natur
gibt's viele Kostüme.
Das Kostüm der Spinne, der Möwe, der Feldmaus.
Sie passen sogleich wie angegossen
und werden brav getragen
bis zum Verschleiß.

Auch ich hatte keine Wahl,
aber ich beklag mich nicht.
Ich könnte
viel weniger einzeln sein.
Ein Jemand von der Sandbank, vom Ameisenhaufen,
        vom summenden Schwarm,
ein vom Wind getriebnes Teilchen der Landschaft.

Jemand viel weniger glücklich,
gezüchtet für einen Pelz,
für eine Festtagstafel,
ein Etwas, das unterm Glas schwimmt.

Ein Baum, der Erde verhaftet,
dem sich ein Feuer nähert.

Ein Halm, zertreten
vom Lauf der Ereignisse, der unbegreiflichen.

Eine Type vom »Dunklen Stern«,
der anderen leuchtet.

Wenn ich aber den anderen Angst einjagte,
nur Widerwillen erzeugte
oder nur Mitleid?

Wenn ich nicht in diesem Stamm,
wie angebracht, zur Welt gekommen wäre,
wenn sich die Wege vor mir schlössen?

Das Schicksal war mir
bislang gnädig.

Möglicherweise wär ich ohne Gedächtnis
für die guten Momente.

Ohne die Fähigkeit
zu Vergleichen.

Ich hätte ich selbst sein können – doch ohne Erstaunen,
und das würde bedeuten,
jemand ganz anderer.

Denkwürdigung

Iosif Brodskij, der russische Dichter und Nobelpreisträger von 1987, war und ist über jeden Verdacht erhaben, von Geburt an mit allzuviel Sympathie für seine polnischen Nachbarn ausgestattet gewesen zu sein. Dennoch bezeugte er: »Die außergewöhnlichste Lyrik dieses Jahrhunderts wurde in polnischer Sprache geschrieben.« Es hätte keines weiteren Belegs bedurft, und doch wurde am 10. Dezember 1996 abermals ein solches Zeichen gesetzt: Der Nobelpreis für Literatur ging an die Lyrikerin Wisława Szymborska.

Wisława Szymborska, ein Jahr älter als Zbigniew Herbert, ist früher als dieser mit ersten dichterischen Versuchen an die Öffentlichkeit getreten, etwas später allerdings als der zwei Jahre ältere Tadeusz Różewicz. In ihrer Jugend, in den ersten beiden veröffentlichten Gedichtbänden, als in ihrem Lande der Sozialismus besonderer Prägung noch eine Vision war, stellte sie sich in dessen Dienst, aber nur für kurze Zeit. Die Desillusionierung erfolgte schon in der ersten Hälfte der fünfziger Jahre. Sie distanzierte sich sogleich und eindeutig von dieser kurzen ideologischen und poetologischen Verirrung, um von nun an in völliger Unabhängigkeit von Gruppen und Tendenzen ein gedanklich wie formal erstaunlich konsequentes Werk fortzuschreiben. Ihr Ansehen als Künstlerin und Zeitgenossin wuchs seitdem mit jeder ihrer zehn Buchveröffentlichungen. Heute ist sie mit keinem ihrer in Polen berühmten Kollegen vergleichbar, auch keines ihrer Gedichte ist – weder formal noch inhaltlich – mit einem ihrer anderen Gedichte zu vergleichen. Jedes ist anders, neu, originell, ob gereimt oder ungereimt, mit eigener Trauer, eigenem Tiefsinn und eigener Weisheit, die das Althergebrachte in Frage stellt, das Unausgesprochene musikalisch und bildlich umschreibt. Sie ist ein Phänomen der Unwiederholbarkeit, weil sie keine Formeln, keine Schablonen und keine Raster kennt. Sie kartographiert die Augenblicke, koloriert sie lyrisch, um ja kein Pathos aufkommen zu lassen, sparsam, dezent, panzert ihre Gefühle mit Ironie und kommt dabei mit erstaunlich einfachen Mitteln einer sehr kommunikativen Sprache aus. Reinhard Lauer, Ordinarius für Slawistik an der Universität Göttingen, resümierte in seiner Laudatio zum Herder-Preis für Wisława Szymborska in Wien 1995: »Ihre Poesie ist spannend, man kann sich an ihr nicht satt lesen. Und während man sie liest und im Lesen das Gemüt erfrischt und erhellt, wird die Erkenntnis überfällig, daß der *esprit polonais* weiblich ist.«

Wie Szymborska ihre Bild-, Wort- und Satzpartikel organisiert, ist höchst kunstvoll. Sie muß nicht ihre Silben zählen, damit sie maßvoll klingen; sie muß sich nicht unbedingt der Reime bedienen, um ihre Zeilen satzfigürlich oder akustisch aufzuputzen. Die Poesie ihrer Gedichte hat anmutiges Format ohne Korsett. Und dann der Reichtum ihrer Themen, das Füllhorn ihrer Phantasie: Expeditionen in den Himalaja, um den Yeti zu warnen, ob er sich wirklich in die Täler herablassen und der menschlichen Zivilisation ausliefern möchte. Kriegsberichte aus Vietnam und Korea. Fischfang im Fluß des Heraklit, philosophischer Fischfang. Frappierende Museumsbesuche, soziologische Befunde über die allerjüngste Gegenwart. Subtil ziselierte Novellen, Charakterstudien und Bildbetrachtungen. Wir finden in diesem schmalen lyrischen Werk Kleinanzeigen der alltäglichen Kümmernisse als Universalgeschichte; Archäologisches, Kosmologisches, Biologisches – Logisches auf alle

Fälle. Naturwissenschaftlich und seelenkundlich erhärtete, geradezu chemisch durchgeführte Untersuchungen so flüssiger, undurchsichtiger Begriffe wie »Liebe«. Rezensionen über nicht geschriebene Bücher. Biblische Lektüren mit einer neuen Sicht auf so festgefahrene Figuren wie Lots Frau und Hiob. Film, Theater, Musik nimmt sie ganz anders wahr, als wir sie mit Hilfe der Experten zu sehen und zu hören gewohnt sind.

Ihre Altertumsforschung und Gegenwartskunde, in einem Dutzend kurzer Sätze eingefangen, wollen unsere Skepsis schärfen, ohne uns die Freude am Leben zu nehmen: Neue, ungewohnte Perspektiven eröffnen uns ihre Natur- und Kunstbetrachtungen: hier eine »Mittelalterliche Miniatur«, dort eine chinesische Tuschzeichnung – »Menschen auf der Brücke« – oder eine eigene Interpretation der barocken »Frauen von Rubens«:

Frauliche Fauna, Walküren,
nackt wie das Donnern der Tonnen.
Sie nisten in zertrampelten Betten,
schlafen mit aufgerissenen Mündern, als wollten sie
    krähen.
Ihre Augäpfel flohen nach innen
und stieren tief in die Drüsen,
aus denen Hefe sickert ins Blut.

Töchter des Barock. [...]
Konvex ist sogar der Himmel,
konvex sind Engel und Gott –
Phöbus mit Schnurrbart, der auf einem schwitzenden
Roß in den kochenden Alkoven reitet.

Eine knappe, anschauliche und musikalisch (hörbar) wahr-
genommene Lektion in Kunstgeschichte. In dem oben-
zitierten Gedicht ist die betonte Häufung des offenen »o«
charakteristisch: Donner, Tonnen, Roß, kochenden,
Gott ...

Ein anderes Gedicht führt uns im Dialog die Demagogie
des Imperialismus vor, in die einfache Sprache der Soldaten
übertragen. Römische Legionäre, unterwegs, fremde Pro-
vinzen zu erobern, unterhalten sich über die Niedertracht
der kleinen Völker, die sich partout nicht unterjochen las-
sen wollen. Sie wiederholen die Argumente ihres Impera-
tors, von deren Richtigkeit sie überzeugt sind (»Stimmen«):

*Wenn sie uns wenigstens nicht behinderten, aber sie tun es,
diese Aurunker, Marser, Spurius Manlius.
Von hier und dort die Tarquinier, von überallher die
        Etrusker.
Außerdem die Volsiner. Überdies die Vejinter.
Wider den Sinn die Aulerker. Item die Sappianaten.
Das überschreitet die menschliche Langmut, Sextus
        Oppius.*

*Die kleinen Völker haben einen kleinen Verstand.
Immer weitere Kreise zieht der Stumpfsinn um uns.
[...]
Ich fühle mich arg bedroht von jeglichem Horizont.
So sehe ich das Problem, mein Hostius Melius.*

*Drauf sage ich, Hostius Melius, dir, mein Appius Papius:
Vorwärts. Irgendwo schließlich ist die Welt zu Ende.*

Dies ist keinesfalls nur ein Situationsbericht aus der Geschichte des Imperium Romanum. Die Geschichte unserer Zeit führt ähnlich motivierte Dialoge.

Dem Völkermord, der Schoah, widmet sie ein siebenarmiges brennendes Gedicht, wie ein jüdischer Leuchter zu Sabbat, einsilbig und vielsagend betitelt »Noch«.

Oder das so harmlos, so schlicht, auf leisen Versfüßen daherkommende Gedicht »Geburtstag«. Wir lesen und geraten in eine Falle. Nichts von all dem, was wir nach der Lektüre der Überschrift zu diesem Thema erwartet hätten. Das Vertraute erweist sich beim näheren Hinsehen als eine neu empfundene Geschichte von der Erschaffung der Welt, mit »Geburtstag« ist der Tag der Geburt des Menschen in einer fast biblischen Relation zur Geburt der Welt gemeint: die Vergänglichkeit nach dem Maßstab der Ewigkeit. Wie teuer ist eigentlich die Welt Gottes, und wieviel davon kann sich der Mensch frohen Sinnes und reinen Gewissens leisten? Wisława Szymborska stellt hierzu verblüffende Überlegungen an.

Soviel Welt auf einmal von überall Welten:
Moränen, Muränen und Meere und Mähren,
Karfunkel und Funken und Bären und Beeren,
wo stell ich das hin, und wie soll ich mich wehren?
Die Minze und Pilze, die Drosseln und Brassen,
die Dillen und Grillen – wie soll ich das fassen?
Die Schönchen und Tränchen, Gorillas, Berylle –
ich danke, mich überfordert die Fülle.
Wohin mit der Pracht, mit den Kletten und Kressen, [...]
Auch ohne das Preisschild ahn ich die Preise
der Sterne, nein, danke, ich kann's mir nicht leisten.

Adalbert Reif (*Welt der Kultur* vom 4. Oktober 1996) lobt Szymborskas »Aussagemächtigkeit«, die sich »auf die zentralen Fragen des menschlichen Daseins« konzentriere und »jedweder politischen und gesellschaftlichen Plakativität abhold« sei, was stimmt. Es stimmt aber genauso, daß ihre Dichtung sehr politisch ist, nur eben auf eine ihr eigene, nicht bramarbasierende, eine die Einsicht öffnende und ins Gewissen eindringende Art:

Wir sind Kinder der Zeit,
die Zeit ist politisch.

Alle deine, unsere, eure
Tagesgeschäfte, Nachtgeschäfte
sind politisch.

Ob du es willst oder nicht,
die Vergangenheit deiner Gene ist politisch.
die Haut hat politischen Schimmer,
die Augen politischen Aspekt.

Wovon du sprichst, hat Resonanz,
wovon du schweigst, ist beredt,
so oder anders politisch.

Angezeigt hatte Szymborska die Art ihrer politischen Weltsicht bereits 1945:

Unsere Kriegsbeute ist das Wissen von dieser Welt:
– Sie ist so groß, daß zwei im Händedruck sie fassen
    können,
so schwer, daß sie mit einem Lächeln sich beschreiben läßt,
so seltsam wie das Echo alter Wahrheit in Gebeten.

Und deshalb sind Händedruck und Lächeln die Mittel ihrer Poesie. Ihr Herz pocht nicht auf die Sechsunddreißigstundenwoche zu.

Ich danke dir, mein Herz,
daß du nicht säumst, daß du dich regst
ohne Entgelt und ohne Lob,
aus angeborenem Fleiß.

Siebzig Verdienste hast du in der Minute.
Jede deiner Muskelbewegungen
ist wie das Auslaufen des Bootes
aufs offene Meer
zur Fahrt um die Welt.

Ein Liebesgedicht wie das folgende, auf das Bild einer Schwalbe konzentriert, derart überraschend mit seiner verschwenderischen Oszillation, ist unverwechselbar Szymborskas Sehkraft:

Im Haselholz liebten sie sich
unter den Sonnen des Taus,
mit welken Blättern im Haar
und auf der Erde zuhaus.

Schwalbenherz,
erbarme dich ihrer.

[...]
Schwalbe, Dorn der Wolke,
Anker der Atmosphäre,
vollendeter Ikarus,
himmelfahrender Frack,

Schwalbe, Schönschreibkunst,
Zeiger ohne Minuten,
frühe Vogelgotik,
Silberblick des Himmels,

Schwalbe, spitze Stille,
heitere Traurigkeit,
Aureole Verliebter,
erbarme dich ihrer.

Goethe, in dessen Namen die Stadt Frankfurt am Main
1991 Wisława Szymborska für ihr poetisches Werk ausge-
zeichnet hat, hatte am 6. April 1829 in einem Gespräch mit
Eckermann seine Vorstellung von guter Poesie kurzgefaßt:
»Mir sind diejenigen Gedichte die liebsten, die Anschauung
und Empfindung zugleich gewähren.« Und an einer ande-
ren Stelle, um auch sein Negativkriterium nicht zu verheh-
len: »Mangel an Charakter der einzelnen forschenden und
schreibenden Individuen ist die Quelle allen Übels unserer
neuesten Literatur.«

Wer sich in die Gedichte der Nobelpreisträgerin mit of-
fenen Sinnen und nachdenklich hineingelesen hat, entdeckt
Goethes Prinzip bei ihr verwirklicht. Ihre Gedichte sind als
Anschauung authentisch, getragen von einer Empfindung,
die niemals belanglos oder falsch ist, und beides ist gefestigt
durch einen zuverlässigen Charakter.

Wisława Szymborska hält uns einen scharf geschliffenen
Spiegel vor, keinen Zerrspiegel der Postmoderne. Sie trägt
keine zynische Überlegenheit (das heißt Gleichgültigkeit)
zur Schau, sie nimmt die Unzumutbarkeiten und die Lä-
cherlichkeiten, die eigenen und die der anderen, zur Kennt-
nis: Auch das Gebrechliche ist menschlich. Darüber muß

man aber nicht verzweifeln oder in Larmoyanz verfallen. Besser ist es, sich dem Leben mit Selbstkritik zu stellen und ihm mit einer Prise attischen Salzes, der Ironie, zu begegnen, um widerstandsfähig zu werden.

Karl Dedecius

Titelverzeichnis